MW01205884

MI MEJOR DÍA

Impulsa tus sueños
y conquista sin límites

Un libro que
debes tener en
tu colección

JULIO PINEDA

Autor: Dr. Julio Pineda, PHD.
Edición: Daniel Benoit / Dr. Julio Pineda / ERAS Disgraf, Llc.
Diseño y diagramación: ERAS Disgraf, LLC.

"Mi Mejor Día"
Impulsa tus sueños y conquista sin límites
ISBN 978-0-578-58301-3
Para distribución mundial.
Impreso en los EEUU.

Contacto:
Tel: (513)330-9081
Email: drpinedajulio@gmail.com
Cincinnati, Ohio. EEUU.

@DrPinedaJulio

AGRADECIMIENTO

———•———

A mi mejor amigo y cómplice. En todos mis momentos, buenos, malos y regulares; Aquél que siempre ha estado ahí, cerca de mí. Quien me cuidó, me mimó, me corrigió y me ofreció Su Amor en todo momento. A ÉL le debo **"Mi Mejor Día"**.

A mi amiga, novia, hermana, amante y esposa, con quien, hasta este momento (dos de agosto, 2019) he compartido más de 37 años de mi vida, entre los cuales, 2 años de amistad, 4 años de noviazgo y 31 de casados, hemos sido amantes, esposos y, sobre todo, amigos. Ella es simplemente excepcional y maravillosa. Procreamos dos hijos: David y Laura. Tenemos un nieto precioso, Leví, y estamos esperando los que faltan por llegar. Tu has sabido soportar todos los embates de la vida y en los momentos más cruciales y terribles que hemos pasado, siempre has estado ahí, no como una espectadora, sino como protagonista. **María, te amo y tú eres parte de "Mi Mejor Día".**

A doña María Inocencia Pineda Doñez. Tuve el gran privilegio de que fueras mi madre, capaz de darte por entera, de sacrificarte y, a pesar de tus limitaciones, me entregaste mucho más de lo que yo merecía y mucho más de lo que pude darte. **"Doña Lila, eres parte de Mi Mejor Día".**

A Cecilio Jiménez. Ser padrastro nunca será cosa fácil. Te ganaste mi respeto y cariño. Hoy que soy padre me puedo dar cuenta lo sacrificial que fue para ti estar ahí. Fuiste mi padrastro; el único padre que conocí. **Viejo, fuiste parte importante de "Mi Mejor Día".**

A mis mejores amigos y compañeros de milicia. Ustedes forman parte de mis días buenos y malos. Se han sacrificado con la esperanza de que algo superior vendrá; han confiado en mí y me han apoyado en cada situación. **María, David, Laura, Karla, Julián y Leví, ustedes son parte de "Mi Mejor Día".**

A cada uno de mis hermanos de sangre, en especial a Dolores, José Miguel y Silvio. Ustedes fueron piezas claves, y muy importantes para el logro de mis metas y propósitos, muchas gracias por ser mis hermanos y apoyarme cuando lo necesité. **Son parte de "Mi Mejor Día".**

A uno de mis mejores amigos y hermanos. Cualquiera puede ser amigo en los tiempos buenos, pero los verdaderos amigos están en todo tiempo. Tú has sabido estar en todo tiempo, jugando un papel protagónico en los tiempos más difíciles. Compa, mi hermano y amigo **Julio Reyes, fuiste una pieza clave, determinante y decisiva para lo que hoy es "Mi Mejor Día".**

A mi amigo, hermano y consiervo, quien fue mi mentor por muchos años. A usted le debo parte de lo que soy; en muchos de mis tiempos difíciles, cuando necesitaba orientación para la toma de decisiones transcendentales, estuvo ahí. **Juan Bautista Díaz (Niní), usted es parte de "Mi Mejor Día".**

A mis dos amigos y hermanos que duermen. Ustedes fueron impulsores de mis sueños, eran como combustible para mi vida, vieron más allá de mis limitaciones. Era tanta la motivación que me daban, que no podía detenerme; tenía la obligación de seguir. **Francisco Francisco y Martín Ferreira, si estuvieran aquí, seguramente dirían: "-Te lo dije Julito-" ustedes son parte de "Mi Mejor Día".**

A quien me acompañó en algunos de mis días largos. Recuerdo aquella noche, que después de muchas horas se hizo de madrugada, donde los dos sentados en el piso de una estación de combustible, soñamos con el futuro, y mirando hacia arriba pedíamos que se realizara un milagro. **Esmelin Hernández "El Chino", tu eres parte de "Mi Mejor Día".**

A todos aquellos que han estado a mi lado, a los buenos y a los malos. A los que han sacrificado tiempo, dinero y dignidad por mí, a los que me han hecho daño, a todos los que me han defraudado, engañado, amado, soportado, a los que se sienten ser mis amigos, y también aquellos que se sienten ser mis enemigos. **A todos, muchas gracias por ser parte de "Mi Mejor Día".**

Y especialmente a ti. Sí, que adquiriste este libro, lo estás leyendo o escuchando en CD, quizás te lo regalaron o simplemente lo tomaste prestado, quiero agradecerte el tiempo que invertirás leyendo o escuchando este libro. Te motivo a que leas o escuches cada capítulo y te dejes enseñar por cada vida, hasta que puedas ver con toda claridad **"Tu mejor día".**

ÍNDICE

———•———

PRÓLOGO

———•———

Este libro es una joya. Te encantará. De manera dinámica y con una narrativa impresionante, Julio Pineda detalla cada vivencia de manera única y especial. Te identificarás con personajes que, aun llenos de miedos, inseguridades y defectos, decidieron convertir sus fracasos en historias de éxito, y transformar su día gris en su mejor día.

– Licenciada Karla Serrano –

Conocer y compartir con Julio Pineda me ha permitido identificar a un hombre humilde y sencillo, quien, con estos dos ingredientes propios de su personalidad, con buen humor y mucho conocimiento humano enseña a las personas. En este libro por medio de cada experiencia de vidas, el autor te lleva al camino donde podrás encontrar un mejor día. Recomiendo esta obra.

– Gerson Rojas –

Es un libro que todos debemos leer porque es práctico, eficaz y sumamente fácil de poner en práctica. En esta obra Julio Pineda te muestra de una forma simple, cómo utilizar las herramientas que están a tu alcance, con la finalidad de que puedas alcanzar la plenitud, convirtiendo cada día en tu mejor versión, sacando de ti lo que ni tú mismo sabías que guardabas, o simplemente no sabías cómo sacarlo.

– Alfredo Fontaneto –

"Mi mejor día" es una obra rica en experiencias personales, de testimonios enriquecedores y anécdotas que nos hacen ver la vida cotidiana de forma distinta y nos motiva a buscar nuestro mejor día. ¡Lo recomiendo!

– M. A. Irina Serrano de Bejarán –

INTRODUCCIÓN

Los días comunes tienen 24 horas y están compuestos por los acontecimientos de un día y una noche. Empezarán en la madrugada y terminarán después de la medianoche. Mi mejor día no es un día común, ya que tiene una composición muy diferente, pues es el conjunto de historias (vivencias reales de personas reales), que al final producen el nacimiento de ese día extraordinario y único. Mi mejor día es el producto de años, de acontecimientos, situaciones y acciones de personas que con sus hechos buenos y malos formaron las historias que componen ese gran y único día.

Mi mejor día habla de mí, de ti, de él, de ellos, de ellas, de nosotros y de todos. Es un espejo en el que podrás ver tu imagen, por medio de las imágenes de las historias de personas comunes, extraordinarias, imperfectas, seres humanos que con sus acciones pudieron cambiar, transformar y restaurar a otros; pero que también, con o sin intención, con sus acciones dañaron, enfermaron y deformaron las vidas de otros.

Es por medio de las historias de estas personas que, a pesar de todo lo bueno y lo malo, siguieron corriendo, caminando, de pies, de rodillas, en silla de ruedas, arrastrándose, postrado en una cama, con alegría, dolor, tristeza, amargura, soledad, pérdidas, ganancias, en situaciones normales y anormales vieron un futuro glorioso y al final lo hicieron. Además, lograron tener y darles a otros un mejor día; son esas historias las que te enseñarán y, sobre todo, te guiarán hacia tu mejor día.

Dentro de cada uno de los seres humanos hay un mundo de vivencias de todo tipo y color, que han marcado la ruta de su corazón y trazando la historia del ayer, el vivir del presente y que pueden, si se le permite, determinar cómo será el porvenir. He tomado de mi mundo de vivencias, historias y relatos llenos de verdad y fantasías. Asimismo, tomé del mundo, vivencias de otras personas, para plasmarlos de una manera clara, entendible y básicamente como un aprendizaje motivacional, de fuerza, valor, entrega y coraje. Diría que de todo, ya sea bueno, malo o en medio de los dos, muchas veces necesitarás ver qué pasó, cómo se hizo, cuál fue la fuerza que llevó a alguien (con igual o más limitaciones que tú), a hacer lo que parecía imposible, para de esta manera levantarte y seguir logrando aquello que siempre has querido. Cada ser humano que verás en la serie de historias está formado de lo mismo que tú: carne, sangre, agua, huesos y demás cosas propias de la formación de un cuerpo humano. También trata de los cómplices humanos y no tan humanos que formaron parte de estas historias; quienes te llevarán a un mundo de comprensión y entendimiento para al final saber que estás en el sitio que estás porque quieres y deberás decidir si te anclas como un barco viejo y mueres o vives y vuelas como águila renovada.

Dentro mi mejor día quiero que seas partícipe, así que muchas veces te invitaré a ser parte del mismo, que me hables algo de ti, de tu vida, un poco de tu historia y de aquellos que la compusieron. En este libro te comparto mi correo electrónico, el cual será un medio de comunicación entre tú y yo, por si algún día quieres simplemente escribir parte de tu historia, pero recuerda, que si escribes algo inapropiado corres el riesgo de ser bloqueado y afectar la comunicación. Por lo tanto, quiero hacerte partícipe de esta introducción, formulándote la siguiente pregunta: ¿Cuál es tu mejor día? Piensa por unos minutos, busca en los cajones de la biblioteca de tu mente y corazón, encuentra ese mejor día y responde a esta pregunta. Pero hazlo con tu mayor alegría por ese día que para ti fue o es el mejor de todos los días de tu vida. Aunque quizá puedas pensar que existe en tu vida más de un mejor día, que hay varios y te sea difícil identificar cuál de todos es el mejor, o pienses que en tu vida no has tenido todavía un mejor día, pues, todos te han parecido iguales de grises, o sencillamente eres de aquellos que no has tenido días malos ni buenos. Todos te parecen iguales. Sea cual sea, la respuesta que tengas a esta pregunta, te aseguro que pronto llegarás al conocimiento y a la identificación de tu mejor día.

Este libro, lo escribí con la intención de que tú y todos aquellos que lo lean, encuentren en sus páginas su mejor día y hagan todo lo que esté a su alcance para ayudar a alguien a encontrarlo. Esta última parte es la más difícil, porque implica equipar a alguien con todo lo necesario para el éxito, muchas veces a sabiendas de que ese éxito puede significar un abandono, una tracción, tristeza, amargura, soledad.

Recuerda, a la mayoría de las aves no les gusta su jaula después de conocer lo maravilloso de volar por los cielos abiertos, aunque también es un maravilloso gozo el poder ser parte de aquellos que rompieron cadenas, sacaron espinas y abrieron puertas solamente para que otros experimenten la belleza de ser libres. Así que vamos, ahora prepárate para una buena y bendecida lectura; acomódate de la manera más conveniente y apropiada para ti, busca un lugar donde puedas tener un soliloquio, donde dejes volar tu imaginación. Cuando ya estés allí, deberás prepárarte para los cambios que se producirán en ti.

Ahora vas a hacer lo siguiente: respira lo más profundo que puedas hacia dentro de ti, llena tus pulmones de aire, retenlo lo más que puedas, luego déjalo salir lenta y suavemente; repítelo por lo menos tres veces, hasta que sientas bienestar en tu interior. Vamos, hazlo, aunque te parezca tonto; cierra tus ojos e imagina que el aire que absorbes entra en tu cuerpo como energía positiva y se esparce en todo tu interior y que el aire que sale suave y lentamente, es una expulsión de la energía negativa. Por favor, hazlo una vez más.

Haz tu vida, de lo que eres, una historia progresiva en la que la metamorfosis interior revele un nuevo y extraordinario ser, a fin de impulsar tus sueños y conquistar sin límites.

Julio Pineda, "Mi mejor día".

Sin importar dónde estás ahora
o cómo estás, qué has hecho mal
o qué has hecho bien, puedes ser
mucho mejor de lo que eres y puedes
hacer cosas mayores y mejores de las
que has hecho hasta este momento.

ERES ÚNICO
Y MUY ESPECIAL

ERES ÚNICO
Y MUY ESPECIAL

Fue por primera vez que, en una presentación especial dentro de una pequeña sala de cine, vi lo distintivo y único que eres tú; sí, tú que estás leyendo este libro, sea cual sea tu nombre, sexo, raza, nacionalidad, estado social, económico, etc... eres especial y ¿sabes por qué? Porque vives en un mundo maravilloso, con seres diferentes, grandes y pequeños, buenos y malos, cambiantes, amorosos y odiosos, donde cada ser viviente juega un papel muy importante.

"El papel de la existencia" no es solamente sobre el propio existir, sino el de los demás; es un mundo realmente insignificante y casi invisible, en comparación con las estrellas, galaxias, constelaciones, otros planetas y cosas que existen en el universo. Aquella presentación empezó con los países, continentes, mares, seres vivos grandes y maravillosos del planeta tierra que fueron presentados. Más adelante, una mirada desde lejos, desde afuera de la misma tierra, estaba aquella bola inmensa donde vivimos, la Tierra; pero llegamos a Júpiter y la tierra se veía mucho más pequeña, luego estaba Sirio Blanco, ya apenas podía ver la tierra. Después fue Pólux, este es como una naranja gigante en comparación a la tierra, puesto que ya era un punto muy pequeño, cuando me presentaron a Aldebarán, posteriormente a Betelgeuse, y dije: "Realmente no existimos, somos invisibles en comparación con la grandeza del universo". Después reaccioné y llegué a la conclusión sobre lo que tú eres para vivir en este planeta.

Eres parte de algo grande, especial, inmenso que conforma el gran universo, así que sin ese planeta llamado Tierra, el universo mismo estuviera incompleto; sin ti la tierra también lo estuviera. Quizás no veas la importancia de lo que digo ahora, solo vayámonos a la tierra... Si te vieras del tamaño de una hormiga y vivieras con otras hormigas, entonces serías igual a todas ellas; sin embargo, si de repente observaras a un ratón y quisieras compartir con él, entonces notarías la superioridad del ratón en relación a ti. Si fueras el ratón y te compararas con un burro, percibirás que el burro es más grande que tú. Asimismo, si siendo burro ves a un elefante, verás que él sabrá que es más grande que tú; sin importar quien seas entre todas estas especies, deberás actuar y pensar como lo que eres. El ratón no puede hacer lo que hace la hormiga, el burro no puede realizar lo que realiza el ratón, el elefante no ejecuta lo que hace el burro, tampoco la hormiga podrá hacer lo que hace el elefante. ¿Notaste un círculo? Empezamos con la hormiga y terminamos con el elefante; sin embargo, esto mismo pasa con los humanos; todos somos iguales, todos somos diferentes, lo que te hará grande, feliz y exitoso, no es entender que hay personas más grandes y más pequeñas que tú, ya eso a esta altura debes saberlo sin frustraciones, sino que el conocimiento de la exclusividad de tu ser es y será siempre lo que te hará único y especial.

Vivir con el gran conocimiento de que eres único, que no existe nadie en todo el planeta, en todo el universo igual a ti, te permitirá vivir con la plena visión de que estás aquí con un fin, hay un por qué de tu existencia. No sé cuál sea tu estado ahora, quizá estás enfermo, postrado, sentado en una silla sin poder caminar, sin dinero, con un presente en derrota, en la cárcel, en el hospital o quizás estés emprendiendo un proyecto... es tu mejor tiempo. No mires al del lado, ni al de atrás, ni siquiera mires al que estás delante de ti; busca un espejo y mira al que te aparece en esa imagen, mírale su rostro, tócalo, acarícialo, señálalo y pregúntale: ¿Tú has hecho a alguien feliz? Solo escucha su respuesta. Esa respuesta está en lo más profundo de su corazón, sea cual sea la respuesta, es tiempo de que vivas en el lugar donde vives.

Permite que el universo mismo se alegre de que tú eres parte de él y jamás vuelvas a pensar que no eres nadie, que ya no puedes, que todo está perdido. Existes como lo que realmente eres, una parte de un gran universo. Si el universo fuera como un rompecabezas gigante, donde cada una de las piezas conectadas lo formarían, entonces una sola que faltare lo hiciera incompleto. Tú eres único, por favor, vive como lo que eres; no sé cuán pequeña pieza consideras que seas, pero sí sé que eres parte de un inmenso universo y seas lo que creas o no, sin ti el mismo universo estaría incompleto.

Dentro de esa gran inmensidad, que muchos creen que es infinito, llamada universo, sabemos que existe un planeta llamado Tierra en el cual tú vives una de las cosas más interesantes de tu existir: la de ser único; esto te hace diferente a todos y cada uno de los seres humanos. Se ha comprobado que no existen realmente dos seres humanos totalmente iguales. A esto, con todo el respeto de los teólogos, quiero llamarle unitario. Creo que tú, sí, tú mismo, seas hombre o mujer, en verdad eres un ser único, extraordinario y diferente a todos los demás, con una capacidad que jamás podrás usar al máximo, pues hasta ahora ningún ser humano lo ha logrado y es eso lo que te convierte en una pieza importante dentro de este planeta y dentro del mismo universo.

Sin importar dónde estás ahora o cómo estás, qué has hecho mal o qué has hecho bien, puedes ser mucho mejor de lo que eres y puedes hacer cosas mayores y mejores de las que has hecho hasta este momento. Ahora bien, el solo hecho de entender que eres único y diferente, no hará que las cosas pasen a ser mejores. Además de entender, tienes que aceptarlo: eres único, diferente. Tienes que aplicarlo a todo tu ser interior y exterior y tienes que proponerte marcar un caminar, un vivir mostrando la diferencia. Dentro de todo esto debes tener el pleno conocimiento de que el universo no se detendrá si tú dejaras de existir, sea que vivas o mueras, el universo continuará. En ese sentido debes imitar al universo. Probablemente hayas nacido con alguna limitación, tal vez hayas perdido alguna de tus habilidades, o algún ser querido; esto puede que te cause frustraciones, dolor, tristeza y hasta resulte que sea una parada momentánea, como cuando vas en tu automóvil y encuentras un letrero de tu lado que dice *Stop* o parada, indicándote que debes detenerte por unos minutos; no significa que te detengas por completo y apagues el automóvil, solo es una parada para ceder el paso y luego seguir. Eso es igual en tu caso, cada cosa que te falte o pierdas es para que hagas una parada, jamás para que te detengas de manera total y mueras poco a poco. Si te faltas una pierna, usas la otra, si te faltan las dos piernas, empleas tus brazos, si te faltan las dos piernas y los dos brazos, usas tu cuerpo, si estás paralizado, aplicas tu boca. Te falte lo que te falte, utiliza lo que tienes, sobre todo tu corazón, deja que su latir te indique que todavía estás vivo y que aun con las faltas cometidas, con las pérdidas, las tristezas, los dolores y todas cosas negativas que te hayan pasado, que te puedan rodear, sigues siendo único y diferente, capaz de hacer y lograr cosas inimaginables, extraordinariamente buenas y totalmente maravillosas. ¡Adelante! El mundo donde existes y el universo mismo esperan más de ti, no porque ellos saben que tú puedes dar mucho más y ser mucho mejor, sino porque están seguros de que tú eres *"único y muy especial"*.

- SE TRATA DE TI -

Puedes pasarte tu vida entera esperando que alguien haga algo por ti y para ti; esperando el progreso o fracaso de alguien para entonces tú progresar o fracasar; luego si ese alguien hace algo bueno o malo, entonces estarás preparado para echarle la culpa de tus victorias o de tus fracasos y esa persona, dependiendo de su actuar, se convertiría en tu héroe o en tu villano. Puedes seguir con esto o puedes decir ya basta, hasta aquí llegué, no más y simplemente tomar la decisión de hacer algo por tu vida, hoy mismo, ahora, en este mismo instante, tomar la rienda de tu diario vivir; sé tú el héroe, el conquistador, pues sin importar lo que piensen o no, lo que hagan o no, el éxito o el fracaso de los demás, no se trata de los demás, se trata de ti.

Tienes todo lo que necesitas para lograr lo que quieres, pero jamás podrás lograr el éxito esperando, pensando en tus limitaciones, en cómo sería tu vida si fueras igual a él o ella u observando lo que tienen o no. ¡Tú eres un ser único y especial! Eso te hace diferente a todos y cada uno de los seres humanos, con la capacidad necesaria para llegar donde otros pueden y hasta donde otros no podrán. Cuando te des cuenta de quién eres, sabrás realmente de lo que eres capaz de realizar y lograr, dejarás de esperar el accionar de otros para ver qué pasa y actuar; tienes que usar cada pieza para armar el rompecabezas de tu vida, las piezas son tus habilidades, talentos y capacidades que tienes y que debes usar para el logro de tus metas.

Eres el director de tus sueños, has el guión, elije a los actores, siendo tú el protagonista en las acciones, busca la manera de que tú ni tus sueños mueran y al final que tus metas se hagan realidad y continúes viviendo. Si tienes que cambiar a alguien durante el rodaje, cámbialo; a todos menos al director y al protagonista. Son tus sueños y en ellos, si no eres el director, debes ser por lo menos el protagonista.

Nadie mejor que tú lo podrá hacer, pues conoces tus virtudes y talentos, sabes cómo usarlos; quizá no sepas cómo usarlos todos ahora, pero empieza a emplearlos uno por uno y de esta manera obtendrás la práctica necesaria para continuar usándolos con muy buenos resultados. En ese sentido, ponte de pie, deja la inercia, camina hacia delante con la frente en alto, mirando hacia el horizonte, con pisadas firmes y de manera constante sigue sin detenerte y no mires hacia atrás ni retrocedas. Fija en tu mente y en corazón que se trata de ti, idealiza tus sueños convirtiéndolos en el combustible motivador y en el eco que deberás escuchar y repetir cuando venga el cansancio, las decepciones, la tristeza, el sufrimiento y cualquier situación u obstáculo difícil o que te parezca imposible de superar; escucha el eco de tu voz interior diciéndote sigue, sigue, sigue, no te detenga, tú puedes.

Jamás permitas que tu felicidad dependa de tu igualdad con los demás, porque si tu felicidad depende de tu igualdad con los demás, entonces jamás podrás ser feliz, ya que la gran realidad es que "no somos iguales a nadie y sí diferentes a todos".

No se trata de los demás, *"se trata de ti, solo de ti"*.

- UN ÁRBOL DIFERENTE -

Quiero que en este preciso momento hagas un inventario, siéntate tranquilo, busca el mejor lugar, repasa tu vida hasta ahora, este es tu tiempo de saber lo que tienes y sacarle todo el beneficio posible. Quiero que contabilices, quién eres y lo que tienes. Entre lo que tienes, vas a incluir a las personas con las cuales te rodeas: familias y amigos. Luego harás una especie de inventario en el que evaluarás dos cosas: la primera, hasta qué punto esas personas han colaborado para que estés donde te encuentras, sea cual sea el lugar y la posición donde estés ahora. ¿Cómo esas personas son parte de esto? Para ser más específico, si en este momento estás en la cima del éxito, o en el fondo del fracaso, si eres feliz o infeliz, si estás en una cárcel o gozas de la libertad, si pasas por el luto de algún ser querido o por la alegría de un nuevo nacimiento, si estás en la quiebra total o en medio de una abundancia única, piensa de qué manera algunas de estas personas son partícipes de que en tu vida esto sea así; tómate tu tiempo, piensa con tranquilidad, pon a cada uno en su lugar y con la responsabilidad del bien o del mal causado. Por favor, hazlo y después sigue leyendo.

Espero que lo hayas hecho, pero sea que lo hicieras o no, este ejercicio es para mostrarte que de una forma u otra alguien más puede ser responsable de lo bueno o lo malo que te pasa y de la posición en la que estás ahora. Lo segundo, que tal si te pones en la posición contraria, mira a las personas que te rodean, piensa y responde a esta pregunta: ¿cómo has contribuido tu para que a estas personas les vaya bien o mal y estén donde están ahora? Por lo general es más fácil ver cómo los demás han afectado tu vida, que ver cómo tú has afectado las vidas de ellos. Si tuvieras la facilidad y te dieran el poder de reemplazar a algunas de esas personas, ¿a cuáles reemplazarías? En este momento quiero darte la capacidad imaginaria de quitar y de poner personas a tu alrededor de acuerdo a tu conveniencia. Pondré un ejemplo: si tienes una madre que no estudió a nivel superior y que tú entiendes que por esa limitante tú estás donde estás, pero que si fuera diferente sería mejor para ti, entonces quitas a tu madre con poco estudio y en su lugar coloca a otra madre profesional, con la profesión o diploma que tú quieras. Realiza esto con cada una de las personas que te rodean.

Una vez apliqué este juego, y me llevó a una cruda realidad, ya que fue con uno de mis hermanos, quien se quejaba afirmando que si nuestra madre hubiera sido doctora, la vida de nosotros, o por lo menos la de él hubiera sido diferente.

Quiero que estés atento a esto que pasó, puesto que pensé cómo sería mi vida si mi madre hubiera sido una doctora. Empecé por el lugar donde vivía, un barrio llamado "El Capotillo", uno de los peores barrios de Santo Domingo, República Dominicana. En el ejercicio, cambié el barrio por un ensanche (o residencial). Los doctores que conocía en su mayoría vivían en ensanches; pero algunos, los menos relevantes, también vivían en barrios, así que mi madre tenía que ser una doctora de relevancia, puesto que los doctores prominentes no podían atender a los hijos, debido a que trabajaban demasiado, lo llamaban a todas horas, siempre estaban cansados y casi nunca tenían tiempo para nada. Por lo general, tenían de uno a tres hijos; nosotros éramos diez. Entonces, debíamos eliminar a por lo menos siete de nuestros hermanos. Me pregunté, con cuál o cuáles de mis hermanos me quedaría o se quedaría él.

Con nuestra madre siendo una doctora relevante, llegué a la conclusión de que no era cambiar a la mamá, sino a toda la familia y consideré cómo hubiera sido la vida de mamá sin nosotros. Un día conversando con mi madre le pregunté: "Si el tiempo se devolviera y tuvieras la oportunidad de ser una doctora relevante, pero para eso tendrías que renunciar a tener dos o tres de tus hijos, ¿qué harías?". Ella me respondió: "No sé, para mí sería difícil renunciar a uno de ustedes". Medité mucho sobre esta respuesta de mi madre; así que un día le mostré a mi hermano un árbol de mango y le dije: "Sabes que este árbol produce mangos, son dulces, grandes, hermosos, pero mangos al fin; si tú quieres comer manzanas no puedes acercarte a este árbol, ni buscar entre sus frutos, pues él produce mangos. Si quieres manzanas, debes buscar en otro árbol, pero si quieres disfrutar de este árbol debes estar dispuesto a comer mangos. Eso mismo pasa con nuestra madre, ella es un árbol de mangos, no busques en ella manzanas, podemos disfrutar y degustar de sus mangos y como un árbol de su especie nos ha dado los mejores de sus frutos; por tanto, cuidemos a este árbol, respectémoslo y sobre todo amémoslo".

Muchas veces quieres cambiar a las personas que tienes a tu lado, sin saber ni evaluar cuánto les ha costado apoyarte. A menudo quieres culpar a alguien de tus desgracias, insinuando lo que esa persona debió hacer a fin de mejorar y que tú disfrutaras de esa mejoría, sin advertir tal vez, que el causante de las limitaciones de esa persona que hoy evalúas fue tu propia existencia. Reflexiona y a partir de ahora cuando vayas a evaluar tu situación, deja de buscar excusas y culpables, deja de creerte el centro de todo y merecedor de más y más, en vez de eso, lánzate a construir tu propia historia, no sea que mañana alguien te vea y quiera que tú seas un árbol diferente.

EL PODER DE
LA GRATITUD

EL PODER DE LA GRATITUD

Después de conversar por la vía telefónica con un amigo, en relación al perdón, la restauración, el amor, la misericordia, el olvidar y, sobre todo, en buscar en lo más profundo de nuestros corazones y ver si lo que estamos haciendo es impulsado por alguna mala vivencia o por raíces de amargura, tristeza o, simplemente, por un pasado doloroso aún no olvidado; decidí buscar en mi corazón y eliminar de sus raíces todo indicio de venganza, destrucción y todo malestar, con la intención de perdonar y restaurar. También tomé la decisión de sembrar vidas y esperanza en cada ser humano que se relacione conmigo y de no hablar mal de nadie, pues he llegado a la conclusión de que todos los seres humanos fallamos en algún momento de nuestro vivir, que estamos preparados para opinar del cómo deben ser las vidas de los demás, sin darnos cuenta que siempre seremos "el otro" del otro. Producto de esa conversación, decidí escribir este capítulo.

Viviendo en la casa de mi madre, teniendo 20 años de edad, comprometido para casarme, sucedió algo que marcó mi vida para siempre. Un día después del trabajo, llegué a la casa y mi padrastro, sin mediar palabras, me recibió con una bofetada, pero no cualquier bofetada, sino una que me impulsó a dar casi una vuelta entera. Me tomó unos segundos reaccionar y entender lo que acababa de pasar. Mi padrastro —Cecilio Jiménez— nunca me había pegado, de hecho, cuando él se juntó con mi mamá, es decir, fue su marido, yo era un adolescente y durante esa etapa cuando hacía algo indebido, había recibido de mi padrastro reproches de palabras, nunca golpes. Aunque no recuerdo haberle ofendido, ni faltarle el respeto, no era mi padre, ni jamás exigió que se le llamara papá, todos le decíamos el Viejo, pero para mí era el hombre que había que respetar, lo cual está bien. El problema es que él acababa de darme una bofetada, sin decirme absolutamente nada y sin ninguna razón válida. En ese tiempo, y creo que en estos tiempos también, darle una bofetada a un hombre era buscarse la muerte o estar preparado para matarlo.

A esa edad, 20 años, yo me consideraba todo un hombre. De hecho, el aportar para el sustento del hogar de mi madre, era parte de esa madurez. ¿Por qué mi padrastro me dio esa bofetada? Porque unos minutos antes de que yo llegara, mi hermano más pequeño (quien era el único hijo del Viejo), llegó llorando a la casa y le había dicho a mi padrastro que alguien le había pegado. No sé porque, aun todavía no tengo la razón por la que mi padrastro entendió que fui yo, pues por eso sin mediar una sola palabra, sin preguntarme, él me dio la bofetada más fuerte y dolorosa que he recibido; cuando volví en mí, lo miré fijamente y lo escuché decir: "Vas a pelear conmigo". En ese momento todo el instinto animal subió a mi cabeza, apreté mis manos fuertemente y no hice nada –absolutamente nada—. Recuerdo que le dije: "Viejo, si usted quiere puede darme otra bofetada". Él se quedó parado unos segundos más frente a mí y luego me dio la espalda.

Cecilio Jiménez, el Viejo, nunca me dio una explicación, nunca me pidió perdón, todo siguió como si nada. En cuanto a mí, jamás le pedí una explicación, tampoco le guardé rencor y mucho menos se habló de ese caso. Fue como si nunca hubiera pasado. Hubo una fuerza, un poder invisible, pero muy efectivo que me impidió actuar con el coraje y la furia que ameritaba el caso, por el daño recibido sin ninguna justificación válida. Luego te diré como se llama ese poder. Ese mismo poder borró de mi mente y de mi corazón el recuerdo de ese suceso como algo que me produjera algún tipo de malestar, odio, deseo o necesidad de venganza en contra del Viejo.

El tiempo pasó. Mi madre murió primero que el Viejo. Él se fue a vivir a Moca, una provincia al norte de República Dominicana. Cada cierto tiempo lo visitaba junto con mis hijos y mi esposa, le llevábamos medicamentos y un poco de dinero. Muchas veces resultaba sacrificial ir a visitarlo, además de no haber en el lugar donde vivía nada que fuera una atracción o de entretenimiento para nosotros. Recuerdo que un día uno de mis hijos me preguntó: "¿Por qué venimos aquí donde el Viejo?". Y yo le respondí: "Por agradecimiento". En ese momento entendí lo que había pasado hacia tantos años atrás. La razón por la que no pude devolverle la bofetada, pelear, guardarle rencor y sí pude seguirlo amando y respetando, fue por agradecimiento. Cuando el Viejo se unió con mi madre, ella tenía nueve hijos, de dos hombres diferentes y había sido abandonada por ambos. Él se hizo cargo de nosotros, por lo menos buscó la forma de alimentarnos. Jamás le escuché decir "ustedes no son mis hijos". Cualquier hombre que se haga cargo de hijos que no son suyos y los alimenta, merece el amor, respeto y el perdón por las faltas cometidas, aunque no tenga explicaciones, ni razones. Pero, sobre todo, este hombre merece una palabra: "Gracias". ¿Qué hubiera pasado si le devolvía la bofetada al Viejo? Realmente no lo sé. Pero recuerdo que teniendo el Viejo 92 años, me reuní con él cerca del conuco (terreno de cultivo) que tenía y le dije: "Viejo, yo estoy muy agradecido de usted; para mí es y será siempre un ejemplo, lo quiero mucho, de verdad muchas gracias". Y entonces al Viejo le salieron lágrimas de sus ojos y me dijo: "Gracias". Yo también lloré y se produjo una satisfacción profunda del deber cumplido, por medio de la gratitud.

Hay un poder invisible, pero muy efectivo en la palabra "Gracias". Produce un gran bienestar, tanto en el que la recibe, como en quien la da. Usa esta palabra en cada momento de tu vida, en especial con aquellas personas que te sirven. Por lo demás, jamás pienses que mereces ser servido, siempre da las gracias por todo y en todo; has una prueba, cuando te sirvan los alimentos, dale las gracias al que quien te atiende, dale las gracias a quien los preparó. Dale las gracias a tus padres, quizás no sean los mejores, pero por ellos estás aquí. Cuando vayas a un restaurante, dale las gracias al que te sirve, envíale las gracias al cocinero, deja una propina como forma física de tu gratitud.

Cuando alguien te haga enojar, producto de una ofensa, de algo que no tiene ninguna explicación válida, piensa ¿qué ha hecho esa persona por ti?, ¿por qué está actuando así?, ¿qué momento difícil está pasando? Y si tienes algo que agradecerle, agradécelo, dale las gracias. La gratitud envuelve un poder capaz de transformar vidas. El Viejo murió unos días después de esta conversación que tuve con él, pero en lo más profundo de mi corazón hubo y hay un gozo, una alegría por el intercambio de gratitudes que hubo en esa conversación.

¿Qué harías tú, si llegaras a tu casa y tu mamá, o tu papá o uno de tus hermanos te recibe con una bofetada? ¿Cómo reaccionarías si tu mejor amigo te traiciona y te daña? La gratitud te hace ver todo de manera diferente, trae consigo un bienestar, sana las enfermedades del alma, fortalece las relaciones, curas las heridas, hace que las cicatrices desaparezcan para siempre, te hace recordar los favores recibidos y te permite expresar con liberalidad tu gratitud hacia los demás. Sin peros algunos, cuando analizamos lo que tenemos, debemos hacer historia a fin de recordar por quién lo tenemos. Una gratitud sin obra es vana y falsa. Es altruista decir gracias de todo corazón y con toda sinceridad a las personas que han sido partícipes y que estuvieron contigo en momentos cruciales, difíciles y necesitados, para hacerse parte del logro de tus metas. ¿Quién o quienes estuvieron contigo y te apoyaron? Con el tiempo algunos te fallaron y por esa falla olvidaste agradecerles. Quizá hoy te necesitan, puede ser que los tengas como tus enemigos; la gratitud no debe esperar. Recuerda a esas personas y llámalas o escríbeles y dale las gracias. En este momento me detengo, paro de escribir, pues decidí hacer lo mismo que te estoy recomendando hacer, una llamada a alguien a quien tengo que decirle gracias.

Llamé a una persona, que conozco por más de 20 años, con quien tenía una relación de amigo y hermano, pero que, por una razón, justificada o no, nos habíamos distanciado. Fue una llamada de larga distancia. Él tomó la llamada, me identifiqué y le dije: "Mi hermano y amigo, te estoy llamando para decirte 'gracias', desde lo más profundo de mi corazón. Te agradezco todas y cada una de las acciones que hiciste y el hecho de que estuviste ahí en momentos cuando te necesité. Quiero también pedirte perdón por cada una de mis faltas para contigo, por favor, perdóname lo que he dicho, hecho y pensado que te haya ofendido". Su respuesta fue: "Mi amado hermano y amigo, quiero darte las gracias por este gesto tuyo, yo te perdono y a la vez te pido perdón por igual, por cualquier falta cometida por mí en tu contra". ¡Qué alivio tan grande! ¡Cuán descargado me sentí! Fue como una renovación de adentro hacia afuera. Me sentí más joven, revestido y listo para una metamorfosis que reveló el nacimiento de un extraordinario ser. Terminamos riéndonos, enviándoles saludos a nuestras respectivas familias y quedamos en reunirnos más adelante. "Gracias", que palabra tan poderosa.

Poner la gratitud en el primer lugar desatará un poder invisible, pero muy efectivo en tu vida. Cuando das las gracias, ese poder se manifestará siendo visible y de gran beneficio para todos. ¡Vamos, qué esperas! Toma el teléfono, el celular, la computadora, llama o escríbele a alguien a quien le digas: "Gracias, muchas gracias por..." y si tienes que pedir perdón, hazlo y sana ya.

Estaba viendo en días pasados a un adolescente de 14 años. Él llegó a un programa de talentos, para participar en el mismo. En este programa, las personas que participan hacen algún tipo de actuación, ya sea cantar, bailar, actuar, saltar, en fin, una actuación que será evaluada por un grupo de cuatro personas que fungen como los jueces. Los participantes pueden tener una aprobación y pasan a la próxima ronda o una desaprobación y son descalificados. Cuando este muchacho se presentó, el escenario estaba lleno de grandes bloques de 5 y 12 pies de alturas y de 4 a 6 pies de ancho. Esos bloques eran parte del espectáculo que montaría aquel chico que se presentó y, antes de empezar, llamó a una persona del público. Era un joven de algunos 24 años, al parecer conocido por los espectadores por hacer malabares saltando por encima de los bloques con estilo y elegancia. Cuando se presentó, el público aplaudió, él empezó a brincar, saltar por encima de los bloques y hacer malabares. Hubo aplausos, aún más, mientras aquel adolescente estaba esperando, hasta que le tocó su turno. Sucedió algo inédito, aquel jovencito se quitó una de sus piernas y empezó a saltar cada uno de los bloques y hacer malabares increíbles, maravillosos y sorprendentes. El público aplaudió de pie, mucho más que cuando lo hizo el joven profesional ya conocido. Cuando terminó la actuación, le preguntaron al adolescente: "¿Cómo lo haces?". Él respondió: "Hace unos años tuve un accidente y perdí una de mis piernas, al principio me sentí muy triste y como que la vida se me fue; pero luego di 'gracias' porque fruto de este accidente, conocí este deporte, me enamoré de él y empecé a usar mis brazos y la pierna que tengo, hasta que lo pude hacer. Pude haberme quedado lamentándome toda la vida. En lugar de esto, doy 'gracias' por lo que tengo y de esta manera puedo lograr lo que quiero". Ese jovencito perdió una pierna, más aun así, daba gracias, aprendió a combinar sus dos brazos y todo su cuerpo con la pierna que le quedó y esta actitud lo llevó a un escenario de éxito.

La gratitud lo cambia todo para mejor. Hay un bienestar inmenso en dar gracias. Si algo te hace feliz, da gracias; al levantarte, da gracias; si alguien te hace sonreír, dale las gracias; a todo el que te haya servido y a los que te sirvan ahora, dale las gracias. La gratitud aleja la tristeza, la amargura, el desánimo, las enfermedades, la pereza, el odio y te permite ver lo que tienes para ir más allá.

En una ocasión, un sábado, después de una larga y productiva conversación, que empezó a las 9:00 de la noche y terminó a las 2:00 de la madrugada, con mi hijo David, su esposa Karla y mi esposa María, sentí un fuerte dolor en el pecho; era como si alguien me estuviera aplastando el pecho de afuera hacia dentro. Ellos se asustaron y me pidieron que fuéramos al hospital de emergencia. Yo me negué, oramos y nos despedimos. Luego, mi esposa y yo nos fuimos a acostar, mientras me cepillaba, el dolor fue cada vez más intenso. Para no preocupar a mi esposa me fui a otra habitación. En esta habitación tengo un escritorio, una silla ejecutiva y una computadora. Traté de sentarme y el dolor fue tan intenso que hice un gran gemido. Inmediatamente mi esposa llegó y de nuevo me propuso ir al hospital. Le dije que esperaría un rato más y luego tomaría la decisión de ir o no al hospital.

El dolor era tan fuerte que realmente creí que no llegaría al hospital vivo. Pensé que este era mi fin. Así que empecé a decir: "Dios, quiero darte las gracias por todo lo que me has dado y por todo lo que he logrado y por todo lo vivido. Si muero hoy, estaré profundamente agradecido por todas y cada una de las bendiciones recibidas". Me fui a la cama, todavía con el dolor, me acosté, respiré profundo y luego me dormí. Al día siguiente cuando desperté, se me había olvidado el dolor, ya no estaba. Creo firmemente que la muerte me visitó y que el poder invisible, pero muy efectivo de una palabra la alejo: "Gracias".

En el mundo de las fantasías, las personas viven felices para siempre. En el mundo real, tienes que aprender a vivir con personas que cometerán errores, que te fallarán, te defraudarán, te mentirán y te engañarán; muchas veces tu felicidad dependerá de tu capacidad de amar, perdonar y restaurar a esas personas.

EN EL
MUNDO REAL

EN EL
MUNDO REAL

Mientras caminaban los dos tomados de las manos, siendo felices, se miraron uno al otro y recordaban que en toda su vida habían tenido una batalla; aquella cuando ella, después de haberse pinchado un dedo, quedó dormida profundamente durante 100 años. Fue entonces cuando él llegó y con un beso de amor profundo la despertó y junto a ella, casi al mismo instante, despertaron sus padres, el Rey y la Reina, todas las personas del palacio real y aun los animales. Aunque fue una batalla que duró 100 años, realmente no sufrieron mucho, ya que durante ese tiempo ella, junto a sus padres, toda la servidumbre del palacio y todos los animales se quedaron dormidos. Él por su parte, solo allí llegó y con un beso la despertó. Lo que más le emocionaba del recuerdo de esta batalla, fue el fruto de la misma, un resultado extraordinario, por el cual valió la pena esperar cien años. Cuando él la vio, se enamoró de ella y cuando ella despertó, se enamoró de él. Fue un amor a primera vista, un toque especial. Aunque nunca ambos se habían visto, por primera vez en ese día mágico y muy especial, sus corazones se unieron como se une la tinta al papel. Fue un amorío corto, entonces para qué esperar. Su linaje era real y su herencia muchísima, pues hijos de reyes eran los dos, así que él era un príncipe y ella una princesa. Lo mejor de todo esto es que su herencia era de riquezas y también de felicidad, porque al igual que lo fueron sus padres, ellos eran felices. No habían peleado nunca, vivían en un ambiente en el que todos los amaban y querían lo mejor para ellos y sus hijos; en fin: "Felices para siempre".

Tuvieron siete hijos, tres varones y cuatro hebras. Estos muchachos eran casi perfectos, sin malicia alguna, sin vicios, sabían exactamente cuál era su sexo, no había en ellos ninguna confusión, ni prejuicios, se amaban unos a otros, nunca se criticaban y jamás se palearon. Todos amaban a sus padres por igual, ninguno jamás se enfermó, no sabían lo que era el dolor, la tristeza, la amargura, las penas, el hambre, las pérdidas, no tenían miedo al mañana, en fin, vivían sin preocupaciones; al igual que sus padres no tenían necesidad de nada. Vivían siendo "felices para siempre".

Mientras seguían caminado, el príncipe y la princesa se miraban uno a otro, sonreían, suspiraban, había mucho gozo y alegría, vivían en un mundo perfecto y único; hasta que de repente llegó un recuerdo de manera simultánea a su mente, era como un eco que ambos podían escuchar. Les hizo recordar que toda su felicidad y su modo de vivir estaban basados en la pluma de alguien que los inventó y que al final declaró que ellos serían "felices para siempre…" Fue entonces cuando supieron que su mundo no era real.

En el mundo de las fantasías, las personas viven felices para siempre. Si nos imaginamos cómo sería ese mundo de total felicidad y lo comparamos con el mundo real, posiblemente sería muy aburrido y sin mucho sentido. Personas que no comenten errores ni falta alguna, no habría necesidad de autoridades, pues todos se comportarían de una manera digna, respetuosa, en amor y armonía. Si realmente este es un mundo de fantasías, muy opuesto al mundo real, imaginemos por unos minutos cómo estaría la relación del príncipe y de la princesa en el mundo real; empezaré después del beso.

Después que el príncipe besó a la princesa y ella despertó, fue tal su agradecimiento que él se casó con ella. El tiempo pasó y poco a poco el príncipe se enteró que la princesa nunca lo amó, porque su corazón, al mozo del castillo siempre perteneció; un día, mientras el príncipe estaba en una de sus ocupaciones, la cual consistía en conquistar otras naciones, la princesa entabló una conversación con el mozo del castillo, aquél que era dueño de su corazón. Noches tras noches hablaban y hablaban hasta que una noche el diálogo pasó a la acción y el uno al otro se entregaron en gran pasión: —Te amo, —le decía la princesa. — Yo, con todo mi corazón —el mozo con entusiasmo respondió. Así siguió esta entrega y locura de amor, hasta que una noche, mientras todos dormían, la princesa que desvelada estaba, pensó con exclamación: —¡Qué he hecho yo!, he traicionado al príncipe y le he fallado a mis padres y a Dios. Inmediatamente llamó al mozo y con llanto y lágrimas perdón le pidió y que hullera lejos, muy lejos le ordenó, pues ella se enfrentaría al príncipe y le diría cómo le falló. Si él me perdona, lo ame o no, le entregaré mi corazón; si no me perdona, podrá hacer lo que quiera con su sierva, pues desde este mismo momento el será mi dueño y señor. Poco tiempo después llegó el príncipe cansado, totalmente agotado, pero con el gozo de una nación más de haber conquistado; regalos de oro, plata, telas finas a su amada había traído para adornarla en una noche especial; ya en la cama y antes de una íntima relación, la princesa a su amado príncipe todo le contó. Él con grandes llantos lloró: —¿por qué me fallaste? —Para esa pregunta solo puedo contestarte: —Mi amor, es el mundo real, te fallé y nada puedo hacer para volver el tiempo atrás, pero si me perdonas, te prometo que haré todo lo posible para no fallarte de nuevo; por favor perdóname. —Dame tiempo, —respondió el príncipe. El tiempo pasó y el príncipe la perdonó y la aceptó; su amor se renovó, la pasión se restableció y siete niños le nacieron a los dos (tres varones y cuatro hembras). El primer niño y la primera niña eran gemelos, la hembra era muy parecida a la princesa y el varón al mozo del palacio se pareció. El príncipe, como amaba a la princesa como a sus hijos lo aceptó, su apellido le dio y del asunto nunca más se habló.

En el mundo real tienes que aprender a vivir con personas que comentarán errores, que te fallarán, te defraudarán, te mentirán y te engañarán; muchas veces tu felicidad dependerá de tu capacidad de amar, perdonar y restaurar a esas personas.

La felicidad está ligada a la libertad y
la libertad ligada a la felicidad; pero
ninguna de las dos depende de dónde
estemos, ni de cómo estemos, sino más
bien de nuestro concepto de felicidad;
por eso creo que la felicidad y la
libertad están en la mente y el corazón
de cada ser humano.

SENTIR Y SER =
LA GRAN MENTIRA

SENTIR Y SER =
LA GRAN MENTIRA

En un futuro, quizás no muy lejano, pasará que en una sala de parto se encontrará una mujer dando a luz y cuando nazca la criatura y alguien pregunte ¿qué nació?, entonces le dirán: lo sabremos cuando tenga edad de sentir y luego ser.

Quizás en ese mismo futuro, un niño que ya sintió ser niño, o sea, que está seguro en su interior que pertenece al sexo masculino, irá donde sus padres y le dirá: "Papá, mamá estoy muy enamorado de mi perra", sus padres, con toda naturalidad le dirán: "Está bien, mi hijo, esperaremos a que seas un poco más mayor, para que te puedas casar con coquita tu perra".

Pero también, en ese mismo futuro, un hombre después de enviudar se encontrará en la disyuntiva de tener que pensar con cuál de sus hijas se casará, pues estará locamente enamorado de las tres.

En ese futuro, no habrá tiendas por departamentos, pues no serán necesarias, las personas entrarán y comprarán las ropas dependiendo del sexo que sienta tener.

Y es en ese futuro cuando habrá bodas entre padres con hijos, hermanos con hermanos, animales con seres humanos y, por qué no, de insectos con seres humanos, aparatos electrónicos con seres humanos, plantas con seres humanos, en fin, los seres humanos del futuro se podrán casar con cualquier otra persona, animal, cosa o máquina.

En ese futuro desgraciado, la vida será totalmente degradada y el ser humano será llevado a lo más vil y despreciable.

Quizá te parezca un poco descabellado, fatalista e irreal este futuro, pero cuando leas las siguientes historias, te darás cuenta de que ese futuro, no es tan futuro, pues ya los estamos viviendo.

Antes de contar las siguientes historias, quiero hacer la oportuna afirmación: "No existe, ni existirá ningún sistema humano que haga feliz y dé libertad a todos por igual". Creer que una posición social o un sistema político, la cultura, raza, sexo, educación, pueden y tienen que proveer a todos felicidad y libertad en creer que todos somos iguales. La verdad absoluta es que todos somos diferentes y que los conceptos de libertad y de felicidad dependerán únicamente de un punto de vista: del punto de vista de cada persona (aunque la mayoría opine lo contrario).

Cuando tengas la disposición de escuchar la verdad sin enojarte, ni entristecerte, ni amargarte, en pocas palabras, sin frustración alguna frente a la realidad de la respuesta que recibirás, cuando tengas esa disposición, entonces pregúntales a las personas que te rodean, a tu esposa, a tu novia, a tus hijos, a tus padres, a tus amigos o relacionados, si son felices a tu lado, si se sienten libres estando contigo. Pregúntale al pobre si quiere ser rico, también al rico si es feliz teniendo todo, al menesteroso si es feliz y si se siente libre siendo lo que es y teniendo necesidad de casi todo. Indaga a la mujer si es feliz y libre siendo mujer, asimismo al hombre si es feliz y libre siendo hombre. Investiga al flaco si quiere ser gordo, al gordo si quiere ser flaco, pregúntale al blanco si quiere ser negro, también al negro si quiere ser blanco, pídele que, por favor, te dicten justamente lo que sienten en su interior y que te revelen la realidad de lo que quieren ser y tener. Te aseguro que te asombrarás si te responden con la verdad, si no te mienten al decirte precisamente lo que quieres escuchar y no lo que ellos sienten en sus corazones. Por eso, déjalos expresarse para que digan su pensar respecto a su situación, condición y de lo que realmente quieren y cómo quieren que tú les ayudes. Si en verdad anhelan tu ayuda, es a partir de lo que te digan que podrás entenderlos y saber cómo ayudarles. Por tu parte, si alguien te preguntara, has lo mismo; manifiéstale a las personas que te rodean si realmente eres feliz con lo que posees y eres, cuáles cambios te gustaría hacer en tu vida, adónde quieres llegar y cómo están ligadas la felicidad y libertad en tu diario vivir, con lo que sientes y piensas en tu interior.

El ser humano es lo más complejo que existe, casi siempre queremos lo que no tenemos, no estamos conformes con lo que tenemos, queremos otro tipo de vida de la que vivimos, pretendemos ser lo que no somos. En nuestro delirio de ser superiores, mejores y especiales, somos capaces de crear un mundo paralelo al existente, una especie de mundo de ciencia ficción donde la realidad no importa si es contraria a lo que sentimos en nuestro interior y a lo que creemos y queremos ser. "Esa es la razón por la cual muchos quieren ser lo que sienten y no sentir lo que son".

Con el pasar de los años he visto, leído y escuchado historias que han sucedido en países diferentes, con sistemas políticos distintos, culturas diferentes, economías distintas que me hacen pensar en la decadencia y el delirio de victoria, felicidad, libertad, entre otros ingredientes con los cuales podemos hacer una sopa, dando como resultado la complejidad humana, la cual no dependerá de la razón, la ciencia o la religión, sino de un sentir y de un ser.

He aquí algunas de esas historias. Cada una te llevarás a un mundo diferente, el mundo que cada protagonista creó en su interior y de la forma como algunos querían que todos los demás aceptaran por igual sus delirios, como buenos y acordes con la realidad. Es que dentro de la complejidad humana debemos entender que no a todos los enfermos mentales se les trata igual. Por eso, dentro de estas historias, encontraremos a expertos defendiendo el mundo surreal, creado en el interior de aquellos que trataron de vivir creyendo que eran lo que no eran y de aquellos que son apoyados, beneficiados y hasta admirados aun viviendo como quienes realmente no son, siendo guiados por el mismo delirio que los demás, pero tratados de manera muy diferente. Empecemos…

Estoy seguro que muchas personas cuando ven un ser humano deambulando por las calles, diciendo ser quien no es, con vestidura desencajada (una vestimenta totalmente opuesta a lo que realmente es o hace) y hablando cosas sin aparente sentido, piensan en lo infeliz que es esa persona, pero cuando es un desamparado de los que viven posiblemente en la calle, con ropas desgarradas, maloliente y alimentándose de la basura, entonces piensan en la pobreza, el delirio mental, lo infelices que pueden ser y la poca libertad que tienen, también piensan que esos seres humanos quieren y necesitan un cambio en su vida, llevarlos a lo que realmente son y deben ser, desde el punto de vista de lo que llamamos normal. Algunas personas pensarán en cómo pueden ayudar y querrán colaborar con ese "infeliz"; más aun cuando conocen el proceder anterior de esa persona (como era antes de llegar a la condición actual). Esto fue exactamente lo que le pasó a Fidel Alejandro Castro Ruz, con un desamparado de Cuba.

El pintoresco personaje de La Habana, fue un hombre que nació en una de las familias aristócratas de las que había en la Cuba prerrevolucionaria. Existe la gran posibilidad de que este hombre fuera feliz, ya que conoció la libertad dentro del capitalismo, con una muy buena posición social, económica y, al parecer, una buena educación.

Cuando Fidel Castro llegó al poder, en 1959, toda la familia de aquel hombre emigró de Cuba, pero él no quiso irse, quizás amaba a su país y aun con todas las posibles advertencias, se quedó en Cuba. En la medida que avanzaban los años revolucionarios, los medios económicos de aquel hombre se fueron consumiendo poco a poco. Al principio de este proceso él pudo sostenerse con el dinero y los recursos que les quedaban de los negocios que tenía la familia antes de la revolución.

Ya para los años 80 del siglo pasado, no le quedaban recursos. Este hombre que había disfrutado de las riquezas, el bienestar y la buena vida de la sociedad llegó a convertirse en el único desamparado que vivió y que existía en las calles de La Habana para esa época. Sin recursos económicos, sin familia y con un sistema social comunista, este hombre asumió una nueva vida. Ahora andaba por las calles comiendo de las sobras de los restaurantes más famosos de la ciudad, al tiempo que dormía en las paradas de los autobuses. Muchos dicen que el cambio lo enloqueció, porque seguía vistiendo y hablando como un aristócrata, por esa razón los cubanos con el tiempo le pusieron el sobrenombre de El Caballero de París, pues él contaba que su familia había venido de Francia a Cuba y que eran de una raíz aristocrática.

Para finales de la década de los ochentas del siglo pasado, un día a Fidel Castro, en su delirio, también se le ocurrió que había que sacar de las calles a El Caballero de París, para lo que se creó un presupuesto con el cual se le buscó un lugar para vivir y se le daba alimento diario, pues en la mente comunista no se percibía que existieran desamparados. De esa manera, El Caballero de París, pasó a tener un lugar donde vivir, comer, ropas que ponerse, pero ¿eran estas cosas las que harían libre y feliz a este hombre? A partir de ese momento, se le impidió estar en las calles, ya no podía tener sus conversaciones al aire libre y andar de un lado a otro, en fin, la vida de este hombre cambió, pero este cambio le quitó lo más importante que tenía El Caballero de París: su identidad y sus propios conceptos sobre libertad y felicidad.

Pasaron dos meses de aquellos cambios, que incluyeron tratamientos siquiátricos, todo esto supuestamente para su bien; cuando murió. Después de su muerte; son muchos los cubanos que dicen que El Caballero de París murió de tristeza, siendo infeliz y sintiéndose preso, sin libertad. Aseguran que esos dos meses fueron los peores de la vida de aquel hombre.

¿Fue este hombre realmente feliz y libre andando por las calles de La Habana, a pesar de no tener casa, ni comida, ni familia? ¿Hubiera vivido un poco más si lo hubiesen dejado en las calles? ¿Era este hombre un demente o simplemente alguien que quiso vivir como pensaba? Eran las preguntas que todos se hacían después de la muerte de quien en vida se llamara José María López Lledín. Él tenía una vestimenta, una conversación y aquellos utensilios que él mismo hacía para venderlos por algunos centavos y de esta forma no tener que pedirle a los demás, eran estos elementos los que le daban su propia identidad y justamente la felicidad y libertad de ser *El Caballero de París*.

Algo muy parecido sucedió en Santo Domingo, República Dominicana, con aquel hombre sin nombre que llegaba cada mañana a las siente en punto a la esquina de la avenida Duarte con Nicolás de Ovando, vestido de manera impecable, con ropa de militar y no de cualquier militar, sino de general con sus insignias, estrellas, medallas y acorde con la vestimenta, llevaba zapatos y una gorra oficial. Cada día este hombre tenía una misión, la cual era impedir que se hiciera un taponamiento en el tránsito de vehículos o "tapón" como lo llaman los dominicanos. Realmente él cumplía con su propósito, pues a la hora de mayor tráfico, se ponía en el medio de la intersección entre las dos calles y dirigía el tránsito de peatones y vehículos. Era tal su influencia, que recuerdo perfectamente que todos le hacíamos caso a sus señales, hasta el punto que cuando estaba allí un verdadero oficial de tránsito dejaba que aquel hombre dirigiera y solo observaba por si cometía algún error. Este hombre, aunque vestía como un general, hablaba como un general y todos le decíamos el general, sabíamos perfectamente que no lo era, pues no usaba balas y su pistola calibre 45, fue hecha por el mismo de madera de pino. Cuando el general se paraba en medio de aquellas dos vías con el calor abrasador y sofocante de las doce del mediodía, se le veía alegre y feliz; aun estuviera bañado en sudor, amaba lo que estaba haciendo. En algún momento de descanso se le escuchaba hablar de su batallón, de cómo había llegado a la milicia y ascendido a general. Cuando caía la noche se veía al general alejarse contento, feliz, con una sonrisa que solo la verdadera libertad permite, saludando a todos y de manera muy especial, a aquellos que le decíamos El General y nos respondía el saludo como lo hacen los oficiales.

Hay muchas historias sobre lo que pasó con este personaje. Una de ellas cuenta que su familia, cansada y muy triste por su estado mental, por no poder retenerlo en el hogar, pues él buscaba la forma de escaparse, lo veían llegar cada noche cansado, acondicionando su ropa de militar, levantándose muy de mañana para llegar a tiempo a lo que llamaba su misión, no retornaba muchas veces a la hora del almuerzo, porque su misión se lo impedía. Debido a todas estas condiciones, ellos tomaron la decisión de ayudarlo y lo llevaron al 28 (un hospital siquiátrico llamado con este nombre o número). Ya en aquel lugar donde se suponía que lo ayudarían a buscar su verdadera identidad, él lloraba y clamaba que lo dejaran cumplir con su misión, que debían dejarlo libre. Por esta situación, lo tenían casi todo el tiempo sedado (bajo medicamentos siquiátricos). Aun bajo esa condición, con palabras entrecortadas les decía: "Pueden pasar ustedes, ustedes no" y se ponía de pie haciendo con sus manos señales de tránsito. Y aunque allí lo cuidaban, alimentaban y le ofrecían seguridad, llegó a escaparse varias veces y correr hacia aquella intersección para hacer cumplir con lo que siempre llamó su misión. Debido a esa situación, el centro siquiátrico le dijo a su familia que debían darle un tratamiento más intenso para ver qué pasaba, pues su caso era muy difícil. La familia aceptó y fue entonces cuando el enfermo murió al poco tiempo. Quienes cuentan esta versión de la historia aseguran que falleció de tristeza, sintiéndose preso e infeliz.

Recuerdo su uniforme, gorra, zapatos, macana y su pistola de madera, pero lo que más recuerdo, era su forma de caminar y, sobre todo, su forma de lidiar con el tránsito, mientras que para muchos se trataba de un demente más, para otros era aquel ser humano que todos los días se presentaba a hacer lo que consideraba su trabajo, que consistía en dirigir el tránsito de peatones y vehículos, en la parte alta de la ciudad de Santo Domingo, sin ninguna paga, pero con la mayor dignidad, aquella que le otorgó el sobrenombre de "El General del tránsito".

Era un viernes en la mañana de 2017, en Cincinnati, Ohio, Estados Unidos de América, cuando un joven de veintitrés años, llamó muy angustiado y con una desesperación que se le notaba en la voz, a un pastor y le pedía que fuera a su apartamento de manera urgente, pues sus ojos ya no estaban en el lugar donde están los ojos, sino que tenía cada uno en una de sus mejillas, o sea, sus ojos habían cambiado de posición y ahora estaban, según este joven, por debajo de su nariz. El pastor lo calmó, le pidió la dirección e inmediatamente se dirigió hacia el lugar. Cuando llegó a la dirección indicada, el joven lo estaba esperando afuera muy asustado. Nervioso guió al pastor hacia su apartamento y ya adentro empezó a llorar y le pedía que mirara su rostro y confirmara por él mismo que sus ojos estaban fuera de lugar, debajo de su nariz. El pastor lo observó detenidamente dándose cuenta de que los ojos de aquel joven estaban justamente donde debían estar. El religioso era oriundo de República Dominicana, y los dominicanos tienen un refrán que dice: "A los locos no se le debe llevar la contraria". Haciéndole honor a este refrán, el pastor decidió ayudar al joven, "llevándole la corriente" (quiere decir siguiéndole el juego o, mejor dicho, su idea). Entonces le dijo: —Sí, puedo ver, que tú puedes ver, que tus ojos no están en el lugar donde deben de estar los ojos de las personas normales, pero creo que puedo ayudarte con esto. Primero, quiero hacerte unas preguntas y me gustaría que respondas cada una de ellas. ¿De dónde eres? —De Guatemala. —¿Cuántas familias tienes aquí? —Ninguna. —¿Dónde trabajas? —En una empresa de embutidos y en un restaurante. —¿Cuántas horas trabajas? —En la empresa de embutidos diez horas diarias, de cinco de la mañana a tres de la tarde, y en el restaurante cuatro horas, de seis de la tarde a diez de la noche. —¿Qué haces en tu tiempo libre? —Veo la televisión, trato de dormir y descansar, pero muchas veces no puedo dormir, despierto, me siento muy triste y solo. Realmente estoy muy mal, por favor, ayúdeme. Y aquel joven empezó a llorar. —Claro que sí —le dijo el pastor—, pero quiero hacerte una última pregunta, ¿fuiste al doctor? —Sí, —contestó con los ojos más abiertos—, fui al hospital de la ciudad y le dije lo que tenía, me examinaron por varias horas y luego una de las enfermeras me dijo que no siguiera diciendo que tenía los ojos en las mejillas, pues ellos creían que estaba un poco loquito y estaban pensando enviarme a un hospital siquiátrico, que si me preguntaban cómo estaba, dijera que estaba bien, si me preguntaban dónde estaban los ojos, contestara que donde deben de estar. Ella me dijo que me podía entender, pero para los doctores que me habían examinado, yo estaba pasando por un proceso de algún tipo de locura; así que cuando llegaron los doctores les dije justamente lo que aquella enfermera me indicó. Ellos me dieron estos medicamentos y luego me despacharon; pero al llegar aquí y verme en el espejo vi que estoy igual, por eso lo llamé, por favor, ayúdeme. El pastor lo miró detenidamente y luego le dijo: —Conozco a alguien que te puede ayudar. Él está aquí entre nosotros, tú no le ves, ni yo tampoco, pero él está aquí. Su nombre es Jesús, puede ponerte los ojos donde estaban, consolar tu tristeza y acompañarte en los días y las noches cuando te sientas solo. Voy a orar para que Jesucristo te sane, ven arrodíllate, levanta tus manos, cierra tus ojos y oraré para que seas sanado. El joven se postró sobre sus rodillas, cerró los ojos, levantó sus manos y el pastor empezó a orar. Luego de orar, el pastor miró a aquel joven y clamó: —¡Milagro, milagro! Jesús te ha sanado, levántate, déjame mirarte de cerca. El joven se levantó, abrió los ojos y miró al pastor, entonces el religioso volvió a clamar: —¡Milagro, milagro, es realmente un milagro! Tus ojos ya están en el lugar donde deben estar, voy a ponerte las manos en tus mejillas para que te des cuenta que tus ojos no están ahí, pues yo oré creyendo que Cristo Jesús podía sanarte y Él lo hizo. ¡Te ha sanado! El pastor le puso las manos en las mejillas, donde él creía tener los ojos antes y le dijo: —Ya tus ojos no están allí, están en su lugar. ¡La gloria sea dada a Dios! Es un milagro. Ahora quiero que te veas en un espejo y confirmes por ti mismo que tus ojos ya están en su lugar. El joven fue a la habitación donde dormía, se miró en el espejo y de repente empezó a gritar de alegría y a decir "estoy sano, estoy sano". Le pidió al pastor que entrara y cuando entró, lo abrazó fuertemente y le dio las gracias por haberlo sanado. —No, yo no te sané, lo hizo Cristo, pues te sanó porque es Dios Todopoderoso. El joven saltaba de alegría y se ponía las manos en su cara, luego de unos minutos le preguntó al pastor qué debía hacer para no volver a tener los ojos donde estaban antes, porque tenía temor de que sus ojos bajarán de lugar. Entonces, el pastor entendiendo lo que realmente pasaba con este joven, le dio las siguientes indicaciones: —Lo primero que harás será llamar a los lugares donde trabajas y diles que estás enfermo y que no podrás laborar ni hoy, ni mañana, ni pasado mañana, sino hasta el lunes. Lo segundo que harás será llegar a la iglesia el próximo domingo en la mañana y quiero que des testimonio de lo que Cristo hizo contigo. Finalmente, te daré unas pastillas para que puedas descansar y estar despierto cuando lo necesites. —Está bien, haré lo que usted me ha dicho. —Espérame aquí, regreso en unos minutos. Después de unos minutos el pastor regresó con seis pastillas, tres rosadas y tres azules, le dijo: —Estas pastillas son excelentes para lo que tú necesitas ahora. Las rosadas son para que cuando te las bebas puedas dormir sin despertar y las azules son para que te den fuerzas y energía cuando estés levantado, también te ayudarán a que tus ojos jamás se salgan de lugar. El joven tomó las pastillas y le dio las gracias al pastor, luego le preguntó: —¿Cuánto le debo, pastor? —Por ahora nada, solo quiero verte el domingo en la iglesia.

El domingo a las nueve y treinta minutos (9:30am) el joven llegó a la iglesia, durante el culto, dio testimonio del milagro que experimentó, luego durante la predicación aceptó a Cristo Jesús como su Señor y Salvador. El tiempo pasó y un día el joven se acercó al pastor y le pregunto: —¿Usted tiene más de las pastillas que me dio? —No tengo aquí, pero puedo conseguir las que quieras, —el pastor le preguntó —¿te pasa algo? El joven le dijo: —Es que me gustaría poder tomarla de nuevo, pues nunca había dormido tan bien, ni me había sentido como me sentí esos tres días que las tomé. El pastor empezó a reírse a carcajadas. —Quiero enseñarte, pero solo si me prometes no decírselo a nadie y guardarme el secreto. Exclamó el joven: —¡Claro que sí, pastor! —Ven conmigo —le indicó el pastor. Fueron juntos hacia el vehículo del pastor y este se dirigió hacia una tienda de venta de comida que estaba cercana a la iglesia, cuando llegaron el pastor fue a uno de los mostradores, tomó dos frascos de pastillas, uno con pastillas azules y otro con pastillas rosadas los destapó y tomó seis pastillas de cada frasco, se las dio al joven. —Bébetela todas de una vez, —le indicó. Entonces el joven sorprendido le dijo: —Estás seguro. El pastor le respondió. —¡Claro que sí! —Pero, ¿no me harán daño? —¡Claro que no! —Exclamó el pastor—, no te pueden hacer ni bien ni mal, pues son de azúcar, no son medicamentos, son caramelos. "Solo son caramelos en miniatura".

"El Caballero de París" de los años 80 en La Habana, Cuba, "El General del tránsito" de los años 90 en Santo Domingo, República Dominicana y "El joven de los ojos en las mejillas" en 2007, fueron tratados por doctores de la conducta por su condición de ser "seres humanos especiales con delirios", por creer, sentir y vivir como lo que no eran en realidad. En total desacuerdo con la realidad, con la aprobación de la familia, la sociedad y la ciencia misma y aun por muchos religiosos, fueron enviados a "hospitales especiales" para "personas especiales", allí fueron tratados por médicos de la conducta, psicólogos, psiquiatras, lo más seguro que les dieron terapias, medicamentos e hicieron lo que estaba a su alcance y todo lo que entendían que tenían que hacer, para sacar a cada uno de estos personajes de su mundo individual imaginario, creado por la mente maravillosa de los seres humanos. Aunque estas personas vivieron en tiempos diferentes, con sistemas sociales distintos, condiciones económicas diferentes, países con ideología y desarrollo diferentes; sin embargo, coincidieron en su manera de pensar, sentir y accionar, en relación a lo que ellos creían ser y tener; fue esa coincidencia que los llevó a ser tratados como personas que padecían de algún tipo de "delirio". Delirio, según la psiquiatría, se define como la perturbación mental que conlleva a las ideas "disparatadas" y pérdida de la capacidad de razonar. Pero según la medicina y la psicología es un estado de perturbación causado por una enfermedad que se manifiesta por "excitación, alucinaciones e incoherencia" de las ideas. Otra definición dice que es la alteración de las capacidades mentales de un ser humano que genera "pensamientos" confusos y una disminución de su conciencia sobre la realidad.

Estas personas fueron tratados por psicólogos, psiquiatras y doctores de la conducta por ser enfermos mentales. Pero no siempre pasa igual con todos los "seres humanos especiales con delirios", aquellos que hoy se venden como mentes abiertas, de pensamientos liberales, esos que dicen que sienten en su interior ser diferentes a los que son y los creen por encima de toda lógica, ciencia y espiritualidad. Ellos han encontrado apoyo dentro de la sociedad, hasta el punto de ponerles un nombre a su delirio y, más que eso, quieren imponerles a los demás que opinan diferente y que lo hacen conforme a la realidad existente de lo que se puede ver a simple vista, palpar de manera convincente, sin un mayor estudio científico y sin ningún perjuicio existente o mala religiosidad en su manera de pensar y de ver. He aquí algunas historias de "seres humanos especiales con delirios".

En diciembre de 2016, en los Estados Unidos de América, circuló una noticia de una madre que denunció a los Boy Scouts de New Jersey por no aceptar a su hija, la cual siente en su interior ser un varón. Esta noticia fue titular en muchos noticieros de los Estados Unidos, incluyendo CNN, que en su titular por internet escribió: "Este niño quiere unirse a los Boy Scouts, pero no lo dejan... porque nació niña", y debajo del titular estaba el nombre de la persona que calzaba la información, **Shachar** y debajo del nombre los siguientes datos: 10:15 ET (14:15 GMT) 31 diciembre 2016. Debajo de estos datos había un vídeo de la niña que se sentía niño, jugando como si fuera uno, imágenes de su madre muy triste y apenada por lo que le habían hecho a su hija(o) y una periodista que tomaba las declaraciones de ambas. Debajo de este vídeo estaba toda la información en relación a esta historia; información que comparto a continuación de manera literal, tal y como la publicó CNN. Cito:

(CNN) — Todo lo que Joe Maldonado, de 8 años, quería era seguir disfrutando con sus amigos de los Cub Scouts; pero después de un mes de experimentos científicos y carnes asadas en el grupo de Boy Scouts de New Jersey, le dijeron que ya no era bienvenido. La razón: nació siendo niña.

Joe es transgénero. Hasta hace dos años su nombre era Jodi. "Me sentí muy molesto y luego muy enojado porque no es justo que solo porque nací niña no me dejen entrar", dijo Joe a CNN.

Kristie Maldonado, madre de Joe, dijo que antes de inscribir a Joe informó a los Scouts que él es transgénero. Dijo que le respondieron que la política de los Scouts es "ir con el certificado de nacimiento, con el género con el que naciste".

El consejero local de los Scouts no respondió las llamadas de CNN en busca de comentarios. Pero Effie Delimarkos, directora de comunicaciones de los Boy Scouts de Estados Unidos, dijo en una declaración que Joe "no cumple con los requisitos necesarios para participar en el programa", y que los Boy Scouts lo refirieron a programas alternativos.

La declaración añade que los Boy Scouts "se sujetan a la información provista por el certificado de nacimiento y el sexo biológico de una persona" para determinar quién puede unirse al grupo.

En el pasado, los Boy Scouts de Estados Unidos han sido criticados por temas relacionados con la comunidad LGBT. El año pasado, el grupo finalmente levantó la prohibición a adultos homosexuales para ser líderes de los Scouts. Y fue solo hace tres años cuando permitió que jóvenes abiertamente homosexuales se unieran al grupo.

Girl Scouts de Estados Unidos, una organización aparte, ha tratado los temas transgénero de diferente manera. Sus estatutos dicen que "si el menor es reconocido por la familia y la escuela/comunidad como una niña y vive culturalmente como una niña, Girl Scouts es una organización que puede ayudarla de una forma que es segura, tanto física como emocionalmente".

Sarah McBride, de la organización Human Rights Campaign, pidió a los Boy Scouts seguir a las Girl Scouts en este tema. "Negarle a un joven transgénico las oportunidades garantizadas a sus pares es dañino y de mala fe. Refuerza el acoso y los prejuicios contra los jóvenes", dijo McBride. Aquí termina la publicación de CNN y mi cita.

Los transgéneros son personas que sienten que el sexo con el cual nacieron y que según ellos, se les asignó al nacer, no coincide con su identidad de género o con el que se sienten en su interior. Es un ser humano que al nacer siendo un niño o una niña, pero por las razones que sean, este ser humano en su interior siente que es lo contrario; si es niño, se siente niña o viceversa, considerando entonces que por este sentir los demás seres humanos tendrán y deberán aceptar tratarlo como él se sienta ser y no como lo que realmente es.

Esto empezó con hombres que sentían ser mujeres, en cuerpo de hombres y mujeres que decían ser hombres, en cuerpo de mujeres, sin embargo, hoy en día se da en niños y en niñas que sienten en su interior que son diferentes de lo que son en realidad y que están en un cuerpo equivocado, asignado quizá por alguien que se lo dio para fastidiarles la vida.

Bueno, pero en este caso se trata de una niña de 8 años que se siente en su interior que es un niño y su madre, para apoyar lo que esta niña siente ser, le pone un nombre de niño, la deja jugar como niño y no conforme con esto, esta madre en su delirio quiere y exige respeto y aceptación para su hija como niño, que le permitan jugar, bañarse, que la llamen y la traten como un niño, siendo niña. Ella quiere que esta sociedad "intransigente" no se oponga ante el sentir de su niña de ocho años y vean como normal el hecho de que su niña, en su delirio de niño se ha inventado en su interior y lo crea en la realidad que es "un niño siendo una niña".

Carmen es una mujer madrileña que ha dicho estar "enamorada" de su perro y está decidida a casarse con este. Según ella, lo hace después de pasarse toda la vida sufriendo por causa de los varones, por lo que ha decidido que el único ser al que ama y aprecia es su mascota. Dice no haber practicado sexo con el dálmata aún, pero sí admite también que ha tenido "pensamientos impuros" con el animal. Ante ello, pide respeto y llama a esta sociedad "intransigente" con su punto de vista. Carmen, que según se sabe, no logra terminar con éxito ningún tipo de tratamiento psiquiátrico, está decidida a luchar por sí y por otros por el reconocimiento jurídico de su derecho al matrimonio con su perro, e ir hasta donde haga falta para reivindicar el matrimonio entre personas y animales.

A las personas que se sienten atraídos sexualmente por animales se les llama zoófilos o zoofílicos; cuando esa atracción pasa al acto sexual se le llama bestialismo.

La pobre Carmen ha sufrido tantas decepciones con los hombres, que al mirar para todos los lados en su delirio interior, no encontró a nadie más para amar y compartir el resto de su vida que a su dálmata, enamorándose de él locamente. Ella ha creado en su interior un hogar donde su perro y los hijos que adopten, ya sean perros o niños, serían muy felices, creyendo con toda seguridad, que en su mundo inventado con el perro ella jamás tendrá ninguna decepción. Por eso pide a gritos que le permitan tenerlo y que sean partícipes de "La boda de Carmen y su perro dálmata".

En la portada de la revista The New Day, en su publicación del 4 de julio de 2016, estaba la foto de una mujer y un hombre tomados de las manos sonriendo, al lado de la foto había un escrito en inglés, el cual cito textualmente: *I'm in love with my son and want have his baby.* (En español sería: "Estoy enamorada de mi hijo y quiero tener su bebe"), luego más abajo en letras más pequeñas había una pregunta que decía: *Is this mum and her son morally wrong, or are they victims of a recognised psychological syndrome?* (En español sería: "¿Están esta madre y su hijo moralmente equivocados, o son víctimas de un síndrome psicológico reconocido?").

Esta historia trata de una diseñadora, Kim West, de 51 años de edad, quien dio a su hijo en adopción, cuando apenas tenía una semana de nacido y que después de 30 años, ellos se encuentran y ambos sienten en su interior que se atraen uno al otro y empiezan un romance. El señor Ben Ford, quien estaba casado, decide divorciarse para casarse con su madre, con quien quiere procrear un hijo. La diseñadora de interiores comenzó a darse cuenta de que sentía atracción por su hijo, y hasta tenía sueños "sexy" con él. Así que confusa buscó en Google sobre su extraña atracción, y encontró un artículo sobre Genética de Atracción Sexual (GSA), y sintió que se le quitaba un peso de encima, pues lo que sentía era "normal" e incluso tenía hasta nombre.

La pareja acordó reunirse en un hotel donde ordenaron alcohol y después de una botella de champán compartieron su primer beso. La pareja, biológicamente relacionados, están planeando casarse y tener un bebé. Ben le dijo que se sentía aliviado y que había dejado de amar a su esposa antes de que la pareja pasara a tener relaciones sexuales varias veces.

Tres días más tarde, Ben le dijo adiós a su esposa y junto a su madre buscaron ayuda en Michigan, donde se encontraron con otra pareja GSA, quienes los ayudaran en su nueva vida.

"Esto no es incesto, es GSA. Somos como dos gotas de agua y estamos destinados a estar juntos"... y agregó: "Sé que la gente dirá que esto es repugnante, y que debemos controlar nuestros sentimientos, pero cuando eres golpeado por un amor que lo consume todo, estás dispuesto a renunciar a todo por él, y usted tiene que luchar por él". "Esto es una sola vez en una oportunidad única y es algo que Ben y yo no estamos dispuestos dejar"...

La Atracción Sexual Genética que en inglés sería: *Genetic Sexual Attraction o GSA*, es un término que describe el fenómeno de atracción sexual entre personas genéticamente cercanas como hermanos, primos de primer y segundo grado e incluso padres e hijos.

Este término fue popularizado en los Estados Unidos por Barbara Gonyo, a finales de 1980. Ella es la fundadora de un grupo de apoyo para personas adoptadas y familiares biológicos con el nombre de Truth Seekers In Adoption, con sede en Chicago.

Kim West y su hijo Ben Ford creen que están destinados a ser el uno para el otro y decidieron casarse para procrear una familia. "Seré el papá de los hijos de mi mamá".

Estas historias nos muestran las "complejidades del ser humano", pues en todas ellas podemos percibir "un mal o un bien común", llámelo usted como quiera. Es que todos y cada uno de estos personajes quieren vivir y experimentar de acuerdo a lo que sienten en su interior, olvidando por completo la realidad. José María López Lledín, "El Caballero de París", a pesar de ser un hombre sin dinero, ni familia, viviendo en un país que había cambiado de sistema político, de convertirse en un sin hogar, en su mente era feliz comiendo de la basura de los restaurantes, durmiendo en las calles, haciendo utensilios manuales y contando sus historias. El hombre sin nombre o "El General del tránsito", en su mente era todo un general con un propósito definido: controlar el tránsito de la avenida Duarte esquina avenida Nicolás de Ovando, por eso vestía como general y cada mañana se presentaba a cumplir con su misión. "El joven de los ojos en las mejillas", aquel de las palabras "...solo son caramelos en miniatura", él estaba totalmente convencido de que sus ojos se habían cambiado de lugar; desde su interior percibía una imagen distorsionada de la realidad, pues un día, sin más ni menos, al verse en el espejo notó que todo su rostro había cambiado. Joel Maldonado "Un niño siendo una niña", es una niña de tan solo ocho años, que siente en su interior que es un niño atrapado en el cuerpo de una niña y que por encima de la realidad debe ser lo que siente y no lo que es. Carmen, en "Las bodas de Carmen y su perro dálmata", una mujer que después de muchos fracasos con su relación con varones, siente en su interior que su mejor opción es su perro dálmata y por encima de toda lógica, decide casarse con el animal y empezar una relación de esposos con mira a un hogar feliz. Kim West y su hijo Ben Ford en "Seré el papá de los hijos de mi mamá", sienten en su interior que están destinados a ser el uno para el otro y a pesar de que ella es su madre biológica, ellos van por lo que sienten; la realidad y lo que piensen los demás no importa, la realidad es que ellos sienten y luego son.

Hoy existen comunidades de personas que apoyan a los que sienten que son lo que no son, mujeres que se creen hombres, hombres que se creen mujeres, personas que sienten que su mejor opción de pareja es su hermano, o hermana, su padre o su madre, su hijo, o perro, o gato, o cualquier otro animal que le parezca mejor y en ocasiones hasta planta, son estas comunidades las que están definiendo un nuevo concepto del ser humano, complicando la existencia misma o creando una mayor complejidad a la ya complicada existente. Por poner un ejemplo: si una persona visita a un doctor y le dice que tiene los ojos en la mejilla, pero el doctor lo ve y confirma que él tiene los ojos donde deben de estar, la mayoría de los doctores, casi seguro pensarán que están enfrente de un ser humano con algún delirio y es muy probable que lo transfieran a un doctor de la conducta o un médico guía de la salud mental, para que lo ayude a entender que sus ojos están justamente donde deben estar; pero si alguien visita a un doctor y le dice que él es un hombre y el doctor ve que realmente es una mujer, con vagina, senos y todas las características de una mujer, es muy probable que lo transfiera a un doctor de la conducta o a un médico guía de la salud mental. Pero cuando este médico lo vea, aun sea el mismo, tendrá mucho cuidado, pues, aunque tenga los mismos síntomas y el mismo problema, será tratado diferente, porque su delirio ya tienen un nombre y, sobre todo, una aceptación social.

Los delirios son tratados dependiendo del nombre que se le haya dado y la aceptación de los mismos en las sociedades. De ahí salen los diferentes grupos de apoyo y los mal llamados "adultos inteligentes sin tabúes", quienes crean los nombres a algunos de estos comportamientos; nombres que son aprobados en muchas sociedades, dando como resultado el que muchos seres humanos, quieran vivir por lo que siente y no por lo que son. Muchos han logrado vivir bien y con la aceptación social a pesar de sus delirios, otros fueron y serán encarcelados por sus comportamientos no aceptados, a pesar de que todos tienen un común denominador "una obsesión en querer ser lo que sienten", poniendo por encima de la realidad lo que realmente son.

El gran problema no es el hecho de que hayan hombres que digan sentirse atraídos por hombres; ni mujeres que digan sentirse atraídas por mujeres; ni personas que quieran tener relaciones sexuales y hasta casarse con animales irracionales; ni niñas que se sientan niños y niños que se sienten niñas, ni un joven que se siente ser un monstruo con el rostro cambiado, en fin, el problema no es el sentir de esos seres humanos, el problema es cómo ellos quieren que las demás personas aceptemos su condición de delirios, como buena y válida. Ellos quieren que nosotros, quienes nos sentimos bien con nuestra realidad de ser (la cual no entra en contraposición con lo científico, lo natural, lo religioso y con la continuidad de la especie humana), aceptemos como bueno y válido su delirio; porque si no entonces, seremos intransigentes, homofóbicos, irrespetuosos, pocos inteligentes, anticuados, enemigos de la evolución humana, llenos de tabúes y todo tipo de cosas que conlleve a un nombre adecuado para los que sentimos que somos y queremos ser como somos. Un día las sociedades seguirán aceptando más y más las conductas delirantes del sentir y luego ser como normales. Ese día los seres humanos experimentarán lo más vil y bajo y luego vendrá el fin de lo real y bueno, tras llegar el principio de "el sentir y luego ser" siendo esto realmente "una gran mentira".

Estas historias deberían hacernos pensar en qué tan felices son las personas que viven con nosotros y entre nosotros. Podemos creer que quienes viven con nosotros son felices y realmente son infelices o, por el contrario, podemos creer que personas que viven entre nosotros son infelices y realmente son felices, porque la felicidad está ligada a la libertad y la libertad ligada a la felicidad; pero ninguna de las dos depende de dónde estemos, ni de cómo estemos, sino más bien de nuestro concepto de felicidad; por eso creo que la felicidad y la libertad están en la mente y el corazón de cada ser humano. Cuando una persona logra tocar esa libertad y esa felicidad, y puede vivir su vida acorde con la realidad de lo que es y de quien es (no de lo que piensa que es), pues son esos conceptos errados e inventados que deforman al hombre y a la mujer y en lo más profundo producen infelicidad. Por eso, cuando encuentras tu verdadera identidad, aquella que te permite multiplicarte y ser él o ella, con las características claras desde tu nacimiento, entonces, encuentras la verdadera felicidad y eres libre. Así que tener fama, dinero, salud mental, salud física, familia o amigos no necesariamente implica felicidad y libertad; si alguien teniendo todo esto, no lo valora o simplemente le importa poco, buscará en la nada si fuera posible, hasta encontrar aquello que realmente le sea importante. Hay personas que serán felices y libres en la soledad, otras preferirán vivir en la selva entre los animales, otras serán felices entre la muchedumbre, mientras otras en la pobreza y algunas muy erradas, encontrarán la libertad y felicidad en un delirio que les hace vivir una realidad de ciencia-ficción que les hace olvidar el mundo real en el cual viven y el saber realmente quiénes son.

La felicidad no se trata de cuánto tengas para ser feliz, sino de cuánto puedas disfrutar lo mucho o poco que tienes y de cuánto aceptes quién eres y vivas acordes con lo que eres, luchando todo el tiempo por tu verdadera identidad, la cual te permita ser parte de aquellos que pueden reproducirse por medio de una relación íntima, sexual, con otro ser humano, sin importar lo que te dicte tu mente, corazón, la sociedad, el ambiente o cualquier otra cosa.

La libertad no se trata de ir donde quieras, de hacer lo que te plazca, de creer que eres lo que realmente no eres, entendiendo que los demás deben aceptar lo que tú dices ser, cuando ellos ven quien realmente eres. La libertad no es tildar de homofóbicos a todos los que no quieren aceptar tu enfermedad y delirio sobre tu realidad basada en un concepto propio y redefinido por ti, por tu mente y por todos aquellos que están en el manicomio por querer ser lo que realmente no son. Si no eres un hombre o una mujer entonces ¿qué tipo de ser eres?

Cuando yo tenía once años, jugando junto con otros niños nos sentíamos héroes, por lo que decidimos poner en práctica nuestros súper poderes; así que hicimos capas con fundas plásticas, sábanas y de cualquier tela que encontramos. Nos subimos en el techo de una casa en construcción y, con nuestros trajes, decidimos saltar. Total, en nuestro interior nos sentíamos héroes y pensábamos que nada nos pasaría... Pero cuando saltó el primero de los niños, cayó en un montón de arena que estaba abajo, para segundos después escuchar gritos de dolor tan fuertes, que impidieron que los demás saltáramos. Llegaron nuestros padres y otros adultos, ordenándonos que nos bajáramos de allí y nos preguntaron que si estábamos locos. Aquel niño fue llevado al hospital y una de sus piernas fue enyesada. Inicialmente nos creíamos súper héroes, pero cuando vimos los frágiles y doloroso que fue para el primero que se lanzó, los demás entendimos que éramos niños jugando a ser súper héroes.

Cuando buscamos iguales, buscamos héroes o villanos, no a personas normales. Esto me hizo ver que tendría que corregir lo de un futuro lejano, pues al conocer estas historias tendría que decir, con mucha tristeza, que estamos viviendo ese futuro, en "un presente continuo".

"Sentir y luego ser" es igual a ver lo que queremos, por entender qué es lo que necesitamos, y eso realmente es "una gran mentira" o simplemente "algún tipo de delirio".

DESDE LA VENTANA DE LA VIDA

DESDE LA VENTANA DE LA VIDA

Me he dado cuenta que la vida y la muerte son hermanas, o por lo menos familias muy cercanas; estoy seguro de que viven juntas en el mismo hogar, donde está una está la otra, por tanto, son inseparables. Ellas viven en el interior profundo de cada ser vivo, sean plantas, animales, microorganismos o seres humanos, en fin, en todo ser con existencia, allí ambas conviven dialogando todo el tiempo; ahora mismo lo están haciendo en tu interior. El pensar que, en tu interior habitan la vida y la muerte al mismo tiempo, puede que resulte interesante o terrorífico, pero para un mayor consuelo te digo que, aunque viven juntas, tienen un accionar muy diferente en tiempo y espacio. Creo que la vida tiene su accionar en el ayer y en el hoy, obrando en cada uno de tus momentos pasados y presentes, por eso estás vivo y debes de vivir, disfrutar cada instante, hacer de tu vivir una influencia de amor, paz, misericordia y esperanza para todas y cada una de las personas que te rodean; de esta manera harás que la vida se sienta orgullosa de estar dentro de ti y que la muerte siga esperando su turno. Mientras tanto, la muerte tiene su accionar en todo tiempo; cuando sabes de ella es porque alguien ya no existe. La muerte no se desespera, estará ahí, esperando pacientemente, tranquila, sin ningún afán o preocupación; ella, sin darte a saber cuándo ni cómo actuará, lo hará. Cuando eso suceda, tu existencia en este mundo terminará para siempre, solo quedarán los buenos y malos recuerdos y serás recordado solo por aquellas personas de las que fuiste parte de su mejor o peor día.

Sabiendo esto, desde el cuarto de mi interior me puse a mirar detenidamente por la ventana de la vida; de esa ventana hacia fuera pude observar que un mejor o peor día tiene más de 24 horas, que ambos están compuestos por varios sucesos y situaciones, formadas por años de vivencias que van marcando cada capítulo de la vida de un ser humano, haciéndola una mejor o peor persona. Entonces un mejor o peor día no está compuesto de 24 horas, sino que es el resultado de muchos años. Al seguir observando el pasar del tiempo desde aquella ventana, pude ver una mezcla de episodios y acontecimientos los cuales dan como resultado tres días; el de ayer, el de hoy y el de mañana.

El día de ayer: es el más veraz de todos los días porque pasó, pero sin importar lo bueno o malo que haya sido, debe quedar en el olvido.

Casi todas las personas que he conocido y tratado que son amargadas, frustradas, con raíces profundas de tristezas, que dan ganas de que los demás las miren con pena, son personas que han perdido en gran parte la fe, la esperanza y el amor; todas ellas tienen algo en común: viven en el pasado. Sus vidas y pensamientos giran alrededor de acontecimientos muy buenos que marcaron sus vidas en el ayer, fueron personas de mucho éxito, tuvieron familias muy bonitas, fueron ricas, tuvieron poder, fama y aunque ahora no tienen nada de esto, sus recuerdos de todas estas cosas muy buenas, que ya no están, las hacen ser o sentirse unos perdedores. También están los acontecimientos malos que marcaron sus vidas, ya sea la muerte de un ser querido, algún daño causado por alguien, la pérdida de un amor platónico y único, una violación, acusaciones falsas por las cuales tuvieron que pasar o pagar el precio de una injusticia. Estos y otros acontecimientos positivos o negativos del ayer, son los que destruyen a las personas, por una razón básica: ellos no quieren o pueden superar lo pasado.

Quiero que sepas esto, lo memorices y hagas los cambios que tengas que hacer a partir de este momento: los que tratan de vivir una y otra vez el día de ayer, se amargan y destruyen a sí mismos y a todas las demás personas que les rodean. ¿Cómo pasa esto? Cuando piensas que el día de ayer fue tan bueno, pero tan bueno, que supera con creces al de hoy. Quien busca vivir el día de ayer en el de hoy, tendrá puesto un traje viejo y arrugado, que ya no le sirve para nada. De su boca se escucharán las frases célebres: "yo tenía", "yo era", "yo podía". Este tipo de personas hacen alarde de lo que fueron, de lo que tenían y de lo que pudieron hacer ayer. Jamás dirán a nadie cuán desafortunadas se sienten en el día de hoy, pues por querer revivir el ayer que murió con el tiempo pasado, se olvidan de hoy. Por eso a ti, sí, a ti, quiero proponerte algo: piensa en esos buenos tiempos, cierra tus ojos, abre tu corazón e imagina todos y cada uno de esos buenos momentos, alégrate de ellos, ríe como nunca, recuérdalos, gózate hoy por ellos; y, luego olvídalos, de una vez y para siempre olvídalos. Si no quieres o puedes olvidarlos, piensa que los superarás, ya no hables más de lo que fueron, concéntrate en lo que eres y puedes ser. Ahora piensa en esos días que fueron frustrantes y muy dolorosos, quizá fuiste objeto de alguna violación o abuso por parte de alguien en quien confiabas, alguien a quien amabas y que te traicionó, te maltrató y te dañó en demasía. Probablemente pasaste por situaciones muy difíciles que no logras olvidar. Es verdad que hay heridas al parecer incurables; pero no imposibles. En medio de esta realidad, tú puedes tomar una decisión de dos: si vivir el día de ayer con las penas constantes, sufrimientos y dolores, permitiendo que esos acontecimientos se renueven una y otra vez mediante tus pensamientos, convirtiéndote en alguien casi insoportable, que al revivir esos recuerdos, benditos o malditos del pasado, poco a poco te han ido convirtiendo en una persona desgraciada, frustrada y amargada, afectando a todos los que se relacionan contigo, por tus contantes lamentaciones, haciendo que todos te vean con pena, mientras es muy probable que quien te hizo daño duerme quieta y tranquilamente, o que se haya arrepentido y lamente tanto todo lo sucedido, pero sea así o no, mantienes vivo el ayer; o, por el contrario, puedes tomar la decisión de enterrarlo con todos y cada uno de sus momentos malos.

Esto es lo que te propongo: reflexiona en cada uno de esos momentos, en los daños que te causaron, trae esos recuerdos tristes del pasado y llora, sí, llora por el tiempo que quieras. Hoy sufre por última vez esos dolores y luego incorpórate, levántate y convierte el ayer en el combustible que usarás para impulsar tus sueños y metas, por lo cual no llores más a partir de hoy.

Que nadie más te mire con pena, usa cada herida, cada sufrimiento, cada engaño para lograr el éxito esperado.

El día de mañana: es el más incierto de todos los días, pues nunca sabrás en realidad lo que te traerá. Cuantas personas de manera errónea miran el mañana esperando lograr cosas increíbles, inimaginables, se ven en la cima de la montaña, sueñan con una vida mejor, se ven prósperas, esperan un milagro sin acción, tienen fe en los cambios del sistema y de los demás, pero hacen muy poco o casi nada en el hoy. Creo que el ayer y el mañana tienen algo en común: no podemos hacer nada para cambiarlos. El ayer tiene que ver con lo que pasó y no podemos cambiar, el mañana tiene que ver con lo que va a pasar y no tenemos el control para hacer que pase justamente lo que queremos, entonces ambos tienen en común que no podemos controlarlos. Es por esa razón que las personas que se preocupan por el mañana y descuidan el trabajar hoy, se frustran al igual que aquellas que viven en el ayer. Entonces la mejor forma de actuar frente al pasado, es dejarlo morir de una vez y por todas, y la mejor manera de actuar frente al mañana es dejarlo nacer y prepararte para cualquier cosa que traiga consigo.

El día de hoy: este es el mejor de todos los días, pues es realmente tu único día. Las personas que pueden ver el hoy como su real y más efectivo día, serán exitosas, harán que otros logren lo imaginable y serán capaces de hacer los cambios necesarios en el hoy para el mañana. Dicho de otra manera; si quieres obtener plátanos mañana deberás sembrarlos hoy; pero sin importar cuánto te esfuerces, luches, inviertas, cuán inteligente seas, cuánto dinero tengas, el color de tu piel, raza, posición social, tu pasado y cuánto espera del mañana, si siembras yucas (comestible que se da bajo tierra), jamás podrás obtener plátanos (comestible que se cultiva por encima de la tierra); lo que siembres hoy, lo cosecharás mañana. Así que vamos, de una vez y por todas, a dejar a un lado el ayer, invierte todas tus fuerzas, pensamientos, talento en cuerpo y alma en el día de hoy y prepárate para lo que pueda ser el día de mañana.

Deja la inercia del pensar, el estancamiento y la podredumbre; ponte en acción y toma la decisión de seguir, seguir y seguir adelante; empieza a moverte hacia al frente, mira el horizonte del mañana por los cristales del hoy, úsalo, úsalo y úsalo hasta poder vislumbrar con claridad el nacimiento glorioso del mañana, desde la ventana de la vida.

*Si quieres mirar lo que te fal-
ta por recorrer, hazlo con la
motivación de que lo lograrás;
si continúas en la ruta y en la
carrera, te llevarán
al lugar deseado.*

MUJERES DE TIEMPOS DE ANTES

MUJERES DE TIEMPOS DE ANTES

Siempre que se habla de héroes se piensa en súper poderes, súper armas y trajes muy especiales, en personas muy extraordinarias que por alguna fuerza poderosa se hacen exclusivos y realizan hazañas únicas.

Lo mismo pasa cuando algunos hablan de logros de mujeres exitosas. Muchos ven las mujeres exitosas desde la perspectiva de la belleza: Miss Universo, Miss Mundo, Miss Continente, Miss República, entre otras miss. Otros pueden ver el éxito de una mujer por medio de una profesión, ya sea en el ámbito público o privado; son muy pocos los que pueden ver el éxito de una mujer por ser ama de casa, por la buena crianza de sus hijos, por todos y cada uno de los sacrificios que hacen cada día para que esta sociedad sea mejor, pues muchas de ellas, especialmente estas últimas, son las que preparan a los hombres y mujeres para que luego se integren a la sociedad y sean personas de bien.

Quiero contar un breve capítulo de la historia de una de estas heroínas, de mujeres de tiempos anteriores, que también las hay hoy en día. Sí, ellas están ahí, en hogares ricos y pobres; en bodegas, empresas grandes y pequeñas, en las iglesias, en bares, en barrios, en residenciales, las hay pobres y ricas, empresarias o empleadas, en fin, las encontramos en todas las áreas y esferas de nuestra sociedad. Muchas veces lloran y sufren en silencio por los maltratos recibidos de sus esposos y aun de sus propios hijos, aquellos que deberían amarlas y respectarlas. En realidad, no valoran su esfuerzo y trabajo del día a día.

Empezaré con el capítulo final de la historia de una de estas mujeres y aunque no escribiré de todas las que he conocido, porque necesitaría escribir varios libros; creo que usted podrá reflexionar en este capítulo e historia, sobre la vida de todas y cada una de ellas. Bueno, basta de preámbulo y veamos a esas heroínas de ayer, de hoy y de siempre.

Estaba allí, llorosa, amargada y muy triste, y no era para menos, habían pasado cuatro años desde que le amputaron una de sus piernas hasta la cintura. Apenas se había acostumbrado a la idea de tener una sola pierna, de usar una silla de ruedas y depender de los demás para poder moverse, cuando uno de los doctores le informó que tendrían que amputarle su otra pierna, también hasta la cintura. Esto debido a la enfermedad que padecía, tenía diabetes tipo A. También le informaron que esto era solamente para ver si la enfermedad cedía un poco y ella viviera unos años más. Mientras aquella mujer lloraba muy desconsolada, uno de sus hijos le acariciaba sus cabellos, tratando de aguantar las lágrimas para que ella no lo viera llorar. Entonces ella, aun llorando le pregunto a su hijo: —¿Por qué Dios ha sido tan duro conmigo? ¿Por qué la vida me ha golpeado tanto? Él respiró profundo y luego le respondió: —Mamá, quiero que recuerdes esto, desde hoy y hasta el último día de tu vida aquí, Dios es bueno y la vida es bella, por eso estoy aquí; —luego le dijo— tú tienes 10 hijos, muchos nietos, a pesar de todas y cada una de tus limitaciones has llegado tan lejos, sin un esposo que te apoyara, los criaste, les diste educación y para mí, en lo particular, eres mi heroína y mi motivación; te amo—. Lloraron juntos.

Pasó un lapso, quizá corto o largo, pero luego de llorar juntos, el hijo empezó a contarle una historia a su madre; sobre un acontecimiento que había pasado muchos años atrás y que marcó su vida para siempre. Él le dijo: —Mamá, doña Lila Peguero Mameñón Castro Martínez CxA; —aunque este no era el nombre de aquella mujer, pero de esta manera la llamaba aquel hijo en particular y con mucho amor y respecto; el nombre de aquella mujer era María Inocencia Pineda Doñez y cariñosamente todo el mundo le decía: Doña Lila—; él continuó recordándole aquel día, cuando el apenas tenía 13 años y su madre, lo llevó al lugar donde trabajaba; un almacén de embarque de productos agrícolas, para la exportación que se llamaba el Almacén de Don Mella Mateo. Aunque lo llevó para que estuviera unas horas, cuando llegó la noche, le informaron que estaban a punto de llegar dos camiones llenos de batatas, (un rublo que se da bajo tierra y que al sacarlas están llenas de lodo), así que tuvo que quedarse, pues ella no podía llevarlo de nuevo a casa. Mientras aquel niño trataba de dormir en el piso y arropado con un cartón como sabana, llegaron los camiones y el niño, por debajo del cartón miró una de las escenas más impactantes en su vida, allí no solo estaba su madre, sino otras muchas mujeres que trabajan junto a ella; todas se pusieron de pie, empezaron a descargar con sacos y otras vasijas, los camiones y a echar las batatas en unas tinas con agua (una especie de piscina al revés). Luego que las tinas estaban casi llenas de agua, le echaban un químico para que ablandara el lodo, después algunas de estas mujeres entraban a las tinas, descalzas y empezaban a lavar las batatas con sus pies. El niño observaba muy detenidamente cómo trabajaban aquellas mujeres para mantener a sus hijos, la mayoría tenían algo en común, habían sido abandonadas por los padres de sus hijos y la habían dejado solas con toda la responsabilidad de la manutención, crianzas y educación de los hijos; pero esto no fue un obstáculo para que no pudieran rebasar a fin de continuar hacia delante. Ellas mantuvieron, criaron, educaron y protegieron a sus hijos; con su trabajo forzado pero honesto, les enseñaron que todo es posible cuando se quiere. Entonces, el hijo le dijo a aquella mujer: —Madre entre aquellas mujeres estabas tú, te amo con todo mi corazón, eres mi inspiración y le agradezco a Dios y a la vida por permitirme ser tu hijo.

Desde aquel día y hasta hoy, el niño les puso a todas esas mujeres el título de "Mujeres heroínas / mujeres de tiempos de antes"; mujeres que, sin tener súper poderes, súper armas, trajes especiales, se convirtieron en personas muy extraordinarias. Ellas fueron movidas por la fuerza más poderosa del mundo: su amor. Esta fue la fuerza que les obligó a seguir adelante a pesar de todas y cada una de las vicisitudes, permitiéndoles ser parte del mejor día de alguien, cuya esperanza y fe descansaron en ellas.

Aquel niño era yo y aquella mujer en la cama del hospital era mi madre, quien murió dos días después que le cortaron su otra pierna.

La noche antes de morir, estuvo cantando toda la noche, con una de mis hermanas. Ella se fue, pero jamás la he imaginado sin piernas, ni demacrada en una cama de un hospital. No; la imagino después de llegar de varios días de trabajo, cansada a limpiar la casa, sacar el polvo, bañarse, sentarse en esa esquina y llamar a sus hijos más pequeños para enseñarnos muchas cosas y hablar con nosotros. Recuerdo que una vez me enseñó sobre lo malo y peligroso que era la "broga". Así ella le decía a las drogas. Ese día nos dijo: —Mis hijos, nunca usen las "brogas", porque matan el "celebro", así le decía al cerebro humano.

María Inocencia Pineda Doñez era una campesina, nacida en un campo llamado Medina, de la provincia San Cristóbal en República Dominicana, madre de 10 hijos (tres varones y siete hembras), crió más de 15 muchachos que no eran de ella. Su educación apenas fue de primaria, pero supo con su trabajo y dedicación darle a muchos la oportunidad de una educación superior, más allá de sus limitaciones. Ella supo ser una heroína.

Te sigo amando Doña Lila Peguero Mameñón Castro Martínez CxA. María Inocencia Pineda Doñez (Doña Lila), simplemente eres y serás siempre, mi heroína favorita y parte de "Mi mejor día".

A ti mujer de hoy, te digo que nada ni nadie te detenga, sigue adelante, el éxito es todo tuyo. Hoy te pregunto, ¿Cuál es tu limitante? ¿Qué es lo que te detienes? ¿De qué te quejas? ¿Cuál o cuáles son los obstáculos que tienes al frente?

Te invito a que de nuevo leas esta historia, que es un breve capítulo de todo lo que tuvieron que padecer cada una de estas mujeres; míralas, conócelas e inspírate y luego hazlo ¡Vamos adelante y conviértete en heroína!

Y a ustedes hombres de hoy, algunos serán los esposos, otros los hijos de mujeres que son heroínas, les digo que las valoren, amen y respeten, exprésenles con palabras y hechos cuanto aprecian lo que ellas hacen, háganles saber que son mimadas, hermosas y muy especiales para ustedes, o simplemente que se den cuenta que son mujeres de ayer, de hoy y de siempre = Heroínas.

- EN LA CARRERA / EN EL AIRE -

Después de mucho planificar y ahorrar había llegado el momento de viajar desde los Estados Unidos hacia Israel y algunos países de Europa. Este viaje implicaba abordar diferentes medios de transporte, para ir de un lugar a otro. Decidimos ir desde Ohio a New York por tierra, conduciendo 12 horas aproximadamente. Mientras íbamos de camino empecé a ver la vida desde la perspectiva de la carretera y el vehículo que manejaba. Después de aproximadamente tres horas de viaje, me puse a pensar en las millas que dejaba atrás, en la condición del camino ya pasado y en mi posición respecto al mismo, sea que la carretera tuviera hoyos o grietas en las cuales el vehículo hubiese caído. Aunque me incomodara, yo debía continuar, no podía devolverme a protestar o quejarme con los responsables del mal estado de la carretera, pues era espacio pasado y si quería avanzar debía de seguir adelante. Lo mismo pasaba si el tramo anterior estaba recién pintado o nuevo, no podía devolverme a felicitar a los responsables del buen estado de la carretera, tenía que avanzar si quería llegar. Seguir conduciendo era para mí la mejor opción y al hacerlo, era como si viviera cuatro tiempos en un mismo lapsus. En el tiempo pasado, dejaba cada milla atrás; en el tiempo presente continuo a la milla que apenas llegaba; en el tiempo futuro las millas que me faltaban y que veía a lo lejos. Era el tiempo presente la milla donde estaba; aunque las millas que dejaba atrás representaban para mí el avance, pues ya estaban a la distancia y no podía usarlas. Las que en este momento estaba pasando eran de más alegría, pues me mostraban mi avance, las millas del presente me llenaban de más gozo, ya que me indicaban dónde estaba de manera exacta; pero las millas que me faltaban eran mi mayor emoción, puesto que me indicaban cuán lejos o cuán cerca estaba de mi meta.

El cansancio llegó producto de las millas recorridas, no quedando nada más que detenernos para descansar y recargar energía; entonces me puse a pensar que hay momentos en la vida en el que debemos detenernos a descansar del trabajo realizado y recargar energía para poder seguir el camino de la vida. Si continúas con el cansancio y la pesadez del camino recorrido, se te hará muy difícil continuar el trayecto por recorrer; si quieres mirar atrás, hazlo para ver lo ya recorrido. Si quieres mirar por donde vas, hazlo para darte cuenta que estás en la ruta correcta; si te detienes, hazlo para obtener nuevas fuerzas, renovar energía y luego continuar con una visión clara de hacia dónde vas y lo que quieres lograr. Si quieres mirar lo que te falta por recorrer, hazlo con la motivación de que lo lograrás, si es que continúas en la ruta y en la carrera que te llevará al lugar deseado.

Por fin, después de 12 horas manejando, llegamos a New York. Luego de dormir cuatro horas, decidimos manejar hacia el aeropuerto John F. Kennedy para tomar el vuelo que nos llevaría hacia Israel y Europa; era un vuelo por Iberia. Aquel avión se veía muy grande por fuera, ¡realmente me impresionó! Mientras lo observaba, conté cada una de las ventanas y me seguía pareciendo más grande incluso cuando entré; quizá era el avión más grande que había visto, con capacidad para más de 300 pasajeros. El personal era muy amable y delicado, hablaban con mucha cortesía y respeto; pude ver los asientos de primera clase, realmente me parecieron impresionantes. Los espacios de clase económica tenían una pantalla individual; se veían iguales a los de primera clase de otras aerolíneas en las que había viajado; en general todo estaba muy limpio y hermoso; para mí fue una muy buena de primera impresión.

¡Llegó el momento de despegar! Es en ese preciso instante cuando empecé a ver la vida desde la perspectiva del aire y del avión; existe un momento en la vida en el que hay que despegar para poder volar. El avión no estaba allí para ser observado por mí, ni para correr por tierra, estaba allí para cumplir una misión; llevarnos por los aires a Israel. Para lograr esto debía despegar, pues si se quedaba parado en tierra, jamás cumpliría con su cometido; eso mismo pasa con tu vida; si te quedas ahí, estancado, parado, siendo observado, con penas, dolor, vergüenza, miedos, turbaciones o provocando lástima, jamás podrás llegar al lugar deseado; tienes que despegar. Para ello necesitarás impulso, fuerza, combustible y tener en mente el lugar donde quieres llegar.

El avión despegó y tomó el rumbo a seguir, luego de unos minutos, ya en el aire, escuché al piloto decir: —Soy su capitán (dando su nombre), les doy las gracias por volar con nosotros, este vuelo tiene una duración de ocho horas, espero que su vuelo sea placentero y confortable, por favor abróchese su cinturón de seguridad... entre otras cosas. Al final, de nuevo dio las gracias a todos y cada uno de los pasajeros, para de esta manera continuar el vuelo.

Sin importar lo que hagas, tu pro-
fesión, nacionalidad, color de piel,
nivel cultural, posición económica, tus
creencias religiosas, quien seas o quien
te creas ser, tú serás (lo quieras o no),
un impulsor de sueños o pesadillas.

IMPULSORES DE SUEÑOS O PESADILLAS

IMPULSORES DE SUEÑOS O PESADILLAS

Como una forma de clarificar los términos de este título, quiero definir los sueños como aquellos que cuando los tienes no quisieras despertar, ya sean metas logradas, éxitos obtenidos, así como ayudar a otros a lograr sus objetivos y buenos cometidos. Lo contrario a esto son las pesadillas, aquellas que cuando las tienes quieres despertar y que muchas veces te quedarás despierto, con tal de no volverte a dormir y tenerlas de nuevo. Son como aquellas metas que cuando estuviste a punto de lograrlas todo se desmorona y tú dices, "...tiene que ser una pesadilla" y quisieras que alguien te despierte. Teniendo esto claro quiero decirte que sin importar lo que hagas, tu profesión, nacionalidad, color de piel, nivel cultural, estatus económico, tus creencias religiosas, quien seas o quien te creas ser, tú serás, lo quieras o no, un impulsor de sueños o pesadillas.

- IMPULSORES DE SUEÑOS -

Las personas extraordinarias, aquellas que se consideran únicas y especiales; son las que se convierten en impulsores de sueños. Por ejemplo en uno de los capítulos vimos que tú eres una de esas personas. Son seres humanos que logran el éxito para ellos y también para los demás, jamás se rinden, toman cada experiencia (sea buena o mala), como combustible para continuar su trayectoria hacia la conquista; mientras caminan, van tocando cada vida con la que se relacionan. Lo hacen con optimismo, firmeza, pasión, fe y esperanza, con el puedo y podemos, consiguiendo que cada vida sea beneficiada con grandes y buenos sueños hasta que puedan decir, "los logramos".

Los impulsores de sueños son aquellos que te hacen reaccionar, despertar a una realidad o salir del trance del error. Es muy parecido a cuando alguien entra en un ataque de pánico y necesita una bofetada para volver en sí. Puede que le duela, pero luego al volver a la realidad, podrá actuar mucho mejor que como lo hubiera hecho mientras estaba en pánico. Son esas personas dulces, alegres, esperanzadas, agradecidas y con la disposición de hacer cada día lo mejor. Ellos creen que pueden y se convierten en impulsores de sus sueños y los sueños de los demás. El mundo necesita de este tipo de personas, pues son como combustible en un proyectil que va directo al éxito.

Los impulsores de pesadillas son personas que pueden odiar, dañar, maltratar y hacerle la vida difícil a otros, muchas veces creyendo que lo hacen con razón y como una forma de pagarle a los demás el mal por mal. Este tipo de personas, en lo más profundo de su corazón, quieren que a aquellos que les hicieron daño, paguen por ese accionar, más sin darse cuenta actúan igual o peor que los supuestos malos, viven amargados, frustrados y tristes, pues simplemente convierten sus vidas en una pesadilla e impulsan pesadillas en las vidas de las demás. Lamentablemente, de esta manera no solamente dañan a los malos, sino a todas las personas que están a su alrededor y en especial aquellas que les aman, construyendo un mundo de pesadillas de las cuales ellos mismos son partícipes y hacen partícipes a sus generaciones. Teniendo estas definiciones, es muy importante que te hagas una autoevaluación sincera y progresiva, de manera honesta, clara y sin dejar ninguna historia de vida suelta, viendo cómo ha sido tu influencia hacia los demás, aquellos que estuvieron o están cerca de ti.

Para tener resultados reales y duraderos en la vida, la autoevaluación debe ser sincera, pues eres tú el que tiene y debe observar qué tipo de persona eres, qué hay en lo más profundo de tu corazón, cuál es el motivo de tu existir, qué has hecho o qué estás haciendo con tu vida y en la de las personas con las cuales interactúas. Esta evaluación debe ser progresiva y correctiva, pues debe aportar para ser lo mejor. Este punto es muy importante, queriéndote decir que, si has sido un impulsor de pesadillas para ti y los tuyos, eso debe y tiene que cambiar hoy mismo. Sin embargo, si has sido un impulsor de sueños, te invito a seguir adelante, a continuar sin importar tu edad, situación o condición. Hoy puedes seguir impulsando tus sueños y los de los otros.

La historia que contaré a continuación tiene que ver con una persona que impulsó sus sueños y los de otros.

- EL PROFESOR -

Como cada día a las 6:00 de la mañana se le veía llegar, con cierta prisa y dedicación. Con mucho empeño ordenaba las butacas, los escritorios, ponía las tizas y los borradores en el marco de las pizarras de cada curso; casi siempre usaba una camisa blanca, mangas cortas, con corbata, un pantalón gris, zapatos negros y un viejo reloj. Era un hombre de más de 50 años, blanco, aunque muy quemado por el sol, de mediana estatura, medio calvo, fuerte, con mucha energía, entusiasmo y tomaba muy en serio su labor. Aunque parecía un empleado más del colegio, él era el dueño. Casi nadie lo llamaba por su nombre, todos le decía El Profesor.

Tenía un especial y gran interés de enseñar. Para él la enseñanza era parte integral de su vida, tanto así, que su hijo, su único hijo natural, también se había dedicado a las enseñanzas. El Profesor, así le llamaban tanto dentro como a fuera del colegio. Muy pocas personas sabían su verdadero nombre, aunque había fundado aquel pequeño colegio, en un barrio con habitantes de muy escasos recursos y su hijo era el director, los dos impartían docencia, esto lo hacían como una forma de tener una mayor flexibilidad para los padres en relación a los pagos mensuales; por eso mucho pensaban que ellos más que dueños eran empleados.

El colegio llegó solo hasta la primaria, es decir, de *kinder* al quito grado, luego intermedia, hasta el octavo y finalmente el bachillerato. El Profesor impartía las clases en los cursos de la primaria y tenía una manera muy peculiar de enseñar a los niños a leer. Primero, les enseñaba el abecedario y luego las combinaciones de letras para formar palabras, mediante repeticiones. Los niños aprendían de una manera muy divertida y muchas veces sin darse cuenta. Él usaba una regla grande y una vara como herramientas para, supuestamente, castigar a los rebeldes. Digo supuestamente, porque más que castigar él disciplinaba a todos y cada uno de sus estudiantes, pues a la hora de pegarle a un niño, por haber hecho algo indebido, siempre fallaba y le daba a la butaca en vez de al estudiante. Así que más que el golpe era el susto lo que hacía recapacitar al estudiante. Cuando algún escolar le daba una queja por algo que había dicho otro (como por ejemplo decir una mala palabra), él castigaba tanto al que la dijo como a aquel que daba la información. Él decía: —"... a uno por haberla dicho y al otro por haberla escuchado". Esta era una lección para que aprendieran a no escuchar las malas palabras, porque si no la escuchan, no la dicen. Él veía a cada estudiante como parte suya, ya que aseguraba que sus enseñanzas eran el futuro de sus alumnos.

El Profesor había logrado, a base de mucho esfuerzo, trabajo y sacrificio, impulsar sus sueños; el amaba enseñar, era parte de su vida, quería hacerlo, por eso estudió y a pesar de ser una persona de escasos recursos, se sacrificó hasta graduarse. Trabajó muy duro, ahorró durante años y, finalmente, vio hecho realidad uno de sus más grandes sueños: tener su propio colegio y allí enseñar. En ocasiones, llegaban los padres de los estudiantes a darle explicaciones por no tener el dinero suficiente para pagar la cuota del mes de los estudios de sus hijos. El Profesor le decía a uno de esos padres: "Vaya donde el director, entréguele lo que tiene y dígale que le dé una prórroga. Él lo entenderá". El director del colegio era el hijo mayor del profesor, él sabía perfectamente qué hacer, pues con anterioridad se habían puesto de acuerdo, para no sacar del colegio a ningún estudiante por falta de pago.

En el colegio estudiaba un joven que le decía papá a El Profesor, este joven no se parecía en nada al hijo, ni tampoco a El Profesor, era moreno, de baja estatura y de un modo de hablar del campo, mientras el director era un hombre alto, blanco, medio calvo y tenía una forma elegante en su hablar; pero ambos eran tratados como hijos por parte de El Profesor. Un día un grupo de estudiantes que eran amigos de aquel joven le preguntaron: —¿Por qué no te pareces tanto a El

Profesor? Aquel joven respondió que realmente El Profesor no era su padre natural, pero que sin lugar a dudas era realmente su padre. Les contó que un día ellos, El Profesor y su hijo, llegaron al campo donde él vivía, y les dijo: —Creo que andaban perdidos y le preguntaron a mi madre cómo llegar al lugar donde iban. Mi madre le indicó y luego les pidió que descansaran un poco porque les faltaba mucho caminar, que se quedaran, pues les prepararía un jugo de naranjas frescas. Ellos accedieron, se sentaron y mi madre fue a preparar el jugo. Fue en ese momento cuando yo empecé a hablar con ellos, pero en especial con El Profesor, recuerdo entre la conversación, él me preguntó ¿dónde estudias? Yo le respondí: en ninguna parte, pues la escuela estaba muy lejos y mi madre estaba sola, ya que mi padre había muerto y yo tenía que trabajar para poder ayudar a mi madre. ¿En qué trabajas? Me preguntó, y le dije que en el campo, en las cosechas, a veces para mi madre y otras veces para los vecinos de aquí, haciendo mandados, moliendo, ordeñando las vacas, en fin, en lo que sea y para lo que me necesiten ahí estoy. De nuevo me preguntó ¿qué te gustaría hacer? Y le dije que me gustaría estudiar, ser profesional, trabajar duro, ayudar a mi madre y ayudar a las personas de mi pueblo. Recuerdo que me alertó, mirándome fijamente a los ojos: ¿En verdad quieres eso? Sí, le respondí de inmediato; ¿te irías conmigo a la ciudad para que estudies allá? Bueno, en realidad yo quiero, pero no puedo dejar a mi madre aquí sola y sin poder ayudarla. Y si te digo que puedo ayudar a tu madre y hacer que tú estudies y logres tus sueños ¿te irías conmigo? Claro, le dije. Fue entonces cuando El Profesor conversó con su hijo a solas, se fueron aparte debajo de un árbol y yo solamente veía cómo sus ojos me miraban, luego fueron y conversaron con mi madre. Vi a mi madre llorar y reír a la vez, luego la escuché decir ¡gracias Dios, muchas gracias! Abrazó a El Profesor y a su hijo. Durante se tomaban el jugo empezaron a planificar cómo se harían las cosas y acordaron que ese día no me iría con ellos. Que vendrían por mí dentro de dos semanas. Se tomaron el jugo y se fueron. Al transcurrir esos días, mi madre me indicó que debía portarme bien, que El Profesor sería mi padre y que el hijo de este sería mi hermano mayor. A partir de ese momento contaba los días, las noches y llegó un momento en el cual dudaba de que realmente El Profesor y su hijo volverían por mí; pero una mañana de un domingo lo vi llegar, comieron con nosotros, hablaron y en la tarde nos retiramos. Fue cuando vine con ellos a la ciudad. Al llegar a la casa, allí tenía lista una habitación para mí con ropas, zapatos, cepillo dental, jabón, todo lo que necesitaba y mucho más. Luego me dijo: "Esta es tu casa, tu nuevo hogar, desde ahora y para siempre yo seré tu padre, haré todo lo que esté a mi alcance para que tú estudies, trabajes y obtengas lo que quieres". Yo no pude decir nada más que muchas gracias papá. Al día siguiente, me llevó a un lugar donde me declaró como hijo suyo, pues yo no había sido declarado por nadie, era como si no existiera; por eso desde ese momento y mientras yo viva, el será mi padre y yo su hijo.

El joven fue un estudiante estrella, se graduó con honores, ayudó a sus hermanos y a otros campesinos, también fue maestro en aquel colegio y junto a El Profesor pudo fundar otros colegios en varios lugares y una escuela en el campo. Él cuenta de cómo muchas personas fueron alcanzadas y muchos sueños impulsados, gracias a que en medio de su caminar se encontró con un hombre, que no supo obtener cosas para él, sino que era un impulsador de sueños. ¿Cómo hubiera sido la vida de aquel joven sin la ayuda de El Profesor? ¿Cuántas personas en este mundo están esperando por un profesor que impulse sus sueños?

Los impulsadores de sueños no harán las cosas por ti, ellos te darán las herramientas necesarias para que tú puedas lograr tus metas. Ellos podrán hablar por ti, darte un apellido, ponerte a estudiar, pero tú tendrás que darle honor a ese apellido, tomar cada herramienta y usarla para conseguir los mejores resultados y sacrificarte para obtenerlos y ser el mejor; tienes que saber que cuando te encuentres en tu camino con un impulsador de sueños, debes aprovechar al máximo esa oportunidad, alejar de ti la inercia, pereza, amargura, tristeza, el no puedo y revestirte de esperanza, mirar el horizonte y caminar con firmeza hacia el éxito de una vida diferente, transformada y transformando.

Cuando te encuentras con un impulsador de sueños jamás dejarás de soñar y buscarás en cada persona su potencial para ayudarle a hacer realidad sus sueños. Este joven siguió el legado, ayudó a muchas personas, pero todas tienen a alguien a quien agradecerle: **"El Profesor"**.

No se trata de decir quién eres y lo que eres o crees, sino que, en cualquier lugar, en cualquier familia puede haber "impulsores de sueños o de pesadillas".

Empiece a sembrar esperan-
za y vida; este es su tiempo
de eliminar cada barrote de
límites que le han puesto a su
vida con la excusa de cuidarlo.

BARROTES DE LÍMITES

BARROTES DE LÍMITES

Cuando mencionamos un enjaulado casi siempre nos referimos a aves o animales que entendemos están en peligro de extinción o posiblemente personas que representan algún peligro para ellos mismos o para los demás. Por tal razón se mantienen encerrados, como por ejemplo el de animales exóticos que las personas los tienen en cautiverio para sus propios deleites. Pero, hay jaulas hechas con barrotes de límites y estas, aunque muchas sean invisibles a los ojos, son una prisión al igual que aquellas tangibles, hechas de hierro. Por lo general, estas jaulas de barrotes para limitar, son más efectivas y destructivas que las físicas. Los barrotes de límites son muy resistentes, hechos con materiales de envidias, odios, racismos, ambiciones, guerras, locuras, pérdidas, éxitos, fama y fortuna. Estos elementos son tan o más resistentes que cualquier otro material con lo cual se crean las cárceles más poderosas y destructivas del mundo.

Estas cárceles hechas con barrotes de límites son creadas para personas buenas, malas y especialmente para aquellas que han tenido éxito, fama y fortuna. Por eso, del enjaulado que les hablaré es todo lo opuesto a una persona mala y que represente algún peligro para él o los demás; se trata de un hombre que fácilmente podría representar a muchas personas que están en su misma condición. Por el hecho de haber obtenido éxito en su vida, el cual le generó fama y fortuna, como también un grupo de personas, familias y amigos que, por supuestamente protegerlo, decidieron enjaularlo con barrotes de límites.

Es bueno saber que este hombre cuando no tenía éxito y aun en el proceso mismo de su caminar hacia la fama, gozaba de plena autoridad para tomar decisiones sobre su vida y acciones; por ello es posible que al leer esta historia la compares con la tuya o con la de alguien más que conoces y que sabes o te darás cuenta de que está enjaulado.

Vivía en un barrio, con su madre y hermanos, pues su padre lo había abandonado, estudió como pudo, pero por su trabajo y por tener que ayudar con la manutención de la familia, ningún nivel profesional obtuvo. Se dedicó a los negocios, poco a poco el éxito llegaba a su alcance y cuando pudo se casó y tres hijos procreó. Ellos sí estudiaron, de eso él se encargó. Una se graduó en administración, otro en finanzas y el otro en mercadeo. A pesar de sus estudios a ninguno el éxito le llegó; sin embargo, aquel hombre progresó, fundó diferentes empresas, una de las cuales, mucho éxito alcanzó. Era muy conocido dentro y fuera de su país, la gente cada vez más hablaba de él, de sus empresas y de su fama y fortuna. Fue entonces cuando sus hijos y algunos amigos, tomaron la decisión de cuidar de él y de su patrimonio, ya que no podían dejarlo tomar sus propias decisiones, pues podría equivocarse, errar y perderlo todo. —Debemos cuidar su caminar, hablar, vestir, pensar y todas y cada una de sus reuniones; si alguien quiere acercársele, presentarle algún negocio, entregarle un premio o trofeo, tiene primero que hablar con nosotros. Vamos a investigar a ese alguien, ¿quién es? ¿por qué quiere hacer negocios? ¿qué clase de negocios quiere hacer? ¿por qué quiere entregarle ese premio o trofeo? Formaremos una junta de protección, de cuidado y de amor. A partir de ahora él no tendrá necesidad de hablar, pensar o actuar. Nosotros lo ayudaremos por amor a su legado, perdón: "a sus bienes y fama". Ellos quisieron decir por amor a él: "Es que lo amamos tanto que lo cuidamos". Si él no tuviera la fama y fortuna o fuera del barrio, esta junta no tendría sentido, "porque no queremos que lo engañen, sino que su legado, todo lo que tiene quede para nosotros y nuestros hijos. Que nada ni nadie se interponga en nuestro camino".

Fue así como idearon un plan: —Primero debemos evitar que los demás tengan contacto directo con él, podrán hablar, pero nosotros todo lo vamos a ver y escuchar, sea quien sea que se reúna con él. Luego tendrá que reunirse con nosotros, o nosotros nos reuniremos solos, pero sea solo o con la persona, a la hora de tomar alguna decisión, somos nosotros como la junta oficial que tenemos que acordar lo que se hará y lo que acordemos eso se hará. Claro debemos ser muy discretos y haremos creer a todos que lo hacemos para cuidar al líder y fundador de todo lo que ahora somos y tenemos... Realmente era el futuro de ellos y de sus hijos.

Sus hijos fueron los que empezaron primero, de una manera sutil a aquel hombre convencieron de que ellos querían y tenían que cuidarlo. Usted si es padre entenderá lo bien que se siente al escuchar a un hijo expresando su deseo de cuidarlo, aunque este hombre no tenía nada malo en su cuerpo, mente, espíritu como para que sea cuidado por otros. Aun así, él se sentía muy bien al ver a sus hijos y amigos cercanos dispuestos a cuidarlo; por esa razón aceptó sin mucho preámbulo. La junta empezó con su cuidado, con algunos amigos cómplices se reunieron e hicieron un plan para vigilar o "cuidar" a aquel hombre. De esta manera su vida, negocio, éxito, lo que hablaba, vestía, con quién se reuniría, a qué hora comía y demás cosas estaban vigilados, organizados y, sobre todo, debían estar aprobados por la junta. Instalaron cámaras para grabar audio y vídeo, contrataron un personal de vigilancia constante y cada uno se hizo cargo de un departamento. Su primera resolución fue quitarlo a él de la presidencia y poner a su hijo mayor como fundador adjunto del líder mayor; luego concedieron más poder en la toma de decisiones a la junta y menos para él.

Poco a poco le fueron quitando responsabilidad, así llamaban ellos al quitar el nombre de él y en su lugar poner el de uno de ellos. Por ejemplo, él ya no era el fundador, sino su hijo mayor. Tampoco el presidente de sus empresas, ahora la junta dirigía todo; de esta manera lo fueron despojando de todo cuanto tenía y por lo que había luchado, todo aparentemente por su salud y cuidado…

Pero aquel día cuando fue a visitarlo su amigo Kaar, sucedió lo inesperado. Kaar y el líder se conocían de mucho tiempo, de hecho, desde cuando ninguno de los dos nada tenían, solamente pobreza, siendo entonces amigos en las malas y en las buenas; pero tenían mucho tiempo sin verse. Kaar había sacado un tiempo de su agitada y comprometida agenda para compartir con su amigo, por esa razón lo fue a visitar. Mientras conversaban en la oficina, después de más de media hora, Kaar quería continuar la reunión de forma más privada en un restaurante cercano, pues se había dado cuenta de las cámaras de vídeo que estaban en la oficina de su amigo. Le preguntó si había almorzado, a lo que él le respondió de manera pausada que no. Entonces Kaar lo invitó a comer para continuar conversando, eran las 2:15 de la tarde, por lo general se almorzaba a las 12:00 del mediodía y fue justamente después de la invitación cuando la hija que llevaba la administración entró y con voz firme le dijo: "Papá no puede ir almorzar ahora, ya tenemos planes". "¿Cómo sabes tú que lo invité a almorzar?", preguntó aquel amigo. "Bueno, es que tenemos cámaras para grabar las conversaciones de papá y de esta manera cuidar de él", respondió la hija; luego continuó diciendo, "ya le tengo una hora y un lugar donde a vamos almorzar, es a las 3:00 de la tarde y será aquí mismo en la oficina, almorzaremos pizzas y sus nietos estarán con él". Los nietos jugaban un papel muy importante para poder engañar, perdón, cuidar aquel hombre, y que los padres de estos niños y jóvenes, habían conversado con ellos de la importancia del cuidado de los bienes de su abuelo, pues de una u otra forma estos serían su legado o herencia para el futuro de todos y cada uno de ellos. Ese día era viernes, el último día de clases y todos venían a comer pizza con el abuelo especial, pues, aunque existían otros abuelos, ellos no necesitaban del cuidado y amor de los nietos tanto como este abuelo rico y famoso. Aquellos nietos tenían una encomienda muy especial, "deben hacer que el abuelo se sienta bien", era la tarea encargada por cada padre para con cada uno de ellos.

Kaar cambió su semblante y con mucha tristeza miró a su amigo, quien acertó con la cabeza todo lo que su hija decía y luego le dijo: "Sabes Kaar, todo esto es por mi bien, mis hijos cuidan de mí".

Kaar le pidió a aquella hija que por favor le diera unos minutos más a solas con su amigo. Ella cedió; total, de todas maneras, se daría cuenta de lo conversado. Cuando ella salió, ambos siguieron hablando, pero Kaar le escribió una nota en la que decía: "Si algún día quieres conversar conmigo en privado, por favor, que sea fuera de aquí, quiero hablar con mi amigo sin la necesidad de que sus hijos, empleados y otros amigos sepan lo conversado contigo". Él respondió que está bien, "la próxima semana, el jueves, me reuniré contigo en el restaurante de la esquina de tu casa, a la 1:00 de la tarde". Eso acordaron.

El día llegó, pero el amigo de Kaar en vez de llegar lo llamó: "te estoy llamando para pedirte un gran favor, podré ir con mi hija la mayor, pues ella quiere conocerte mejor y se ofreció para ser mi compañía", le dijo. Mientras Kaar asintió: "Claro que sí mi amigo, ella puede venir, de hecho, invitaré a mi hija menor para que también esté con nosotros en la velada de hoy". Trato hecho y llegó la reunión o, mejor dicho, el almuerzo. Después de comer, la hija de Kaar invitó a la hija del líder a dar un pequeño paseo por los alrededores del restaurante, así lo hicieron y aquellos dos amigos se quedaron solos; conversaron de manera amena y muy entusiasta de sus inicios, de cómo habían trabajado hasta el cansancio a fin de obtener lo que ahora tenían, sí, habían pagado un costo de muchos esfuerzos que incluían tiempo, sacrificios, dejar de dormir, horas extras, en fin, habían aportado mucho de ellos mismos. ¿Qué tenemos ahora?, ¿dónde estamos?, ¿hacia dónde vamos? Se preguntaron uno a otro. El amigo sonrió y empezó a responder, "pues yo me siento muy feliz, pienso que ha valido la pena tantos esfuerzos y sacrificios; en este tiempo puedo viajar junto a mi esposa por el mundo, tengo una fundación con la cual ayudo a niños, jóvenes, adultos y ancianos alrededor del mundo, y mira, aquí estoy contigo despreocupado del mañana, ya no pienso más en cómo será. Realmente estoy viviendo el hoy y el ahora, me levanto a la hora que quiero, camino, corro, miro al cielo y le doy gracias a Dios y a la vida por darme tanto y tanto". Luego el líder respondió, "me alegro tanto por ti, pero todavía no es mi caso, tengo una hora para acostarme y una hora para levantarme. Para viajar debo esperar la agenda que me hacen mis hijos; bueno realmente es la junta administrativa, en la cual por ser mis hijos mayoría, me siento con ventajas y creo que me miman mucho. Ellos coordinan las reuniones, las salidas, las conferencias, las empresas, aunque estoy y debo estar ahí siempre, prácticamente no hago nada, solo firmar algunos cheques, documentos y contestar algunas llamadas, pero soy feliz, sí, muy feliz al ver a mis hijos entregados al trabajo y a mi cuidado, lo cual es un gran privilegio. —¿Tú crees que puedes hacer lo que quieras?, le preguntó el amigo. — Claro que sí; le contestó el líder y cuestionó: —¿Por qué me haces esa pregunta?. En seguida respondió el amigo: —Porque tengo mis dudas; y le argumentó: —Qué tal si hacemos algo para aclarar estas dudas. Te haré un cheque de cincuenta mil pesos, al mío en la raya de memo le pondré "Intercambio para aclarar dudas" y al tuyo le pondrás "Enjaulado". Al mío te lo hago ahora mismo y te lo entrego. Deposítalo sin decirle a la junta ni a ninguno de tus hijos, luego en nueve días, tiempo en el cual ya los cincuenta mil pesos habrán entrado a tu cuenta, llamarás a tu secretaria y le dirás que te traiga la chequera personal, y me harás un cheque por el mismo valor, llamarás al mensajero y le dirás que lo deposite en mi cuenta, entonces esperarás a ver lo que pasa y nos juntaremos aquí dentro de ocho días, después de que hayan depositado tu cheque para verificar toda duda". Luego dijo el líder: —Trato hecho; y se estrecharon las manos. Unos minutos después llegaron las hijas y se despidieron.

Pasaron los días y llegó el tiempo de la reunión. En esta ocasión el líder llegó con uno de los miembros de la junta administrativa, un amigo íntimo de la familia y, de manera especial, uno de los hijos del líder. Luego de saludarse, el amigo preguntó: —¿Alguna vez te dejan salir solo? El líder sonrió y respondió: —Sí claro, cuando estoy con mi esposa. Bueno... eso me imagino; y hubo carcajadas. —Pues como ves, hoy ando solo, ya que realmente quiero conversar con mi amigo de manera privada y comer contigo. Preguntó de nuevo el amigo: —¿Es eso posible? —Claro que sí; respondió el líder. Luego se dirigió a su acompañante y le dijo: —Luis, déjanos solos unos minutos. Luis los miró y le dijo: —Claro que sí. Se levantó lentamente de la silla y cuando se estaba alejando, escuchó la voz del amigo que le dijo: —Luis se te queda el micrófono. Este se devolvió de prisa y tomó un aparato que había dejado de manera intencional en la mesa. Cuando lo tomó preguntó Luis al amigo: —¿Cómo sabe usted que esto es un micrófono?. El amigo respondió: —No lo sabía, lo sospeché y usted me lo acaba de confirmar, por favor llévesela, pues a mí no me gusta que me escuchen y me graben sin mi consentimiento y en este momento no lo consiento. Luis tomó el aparato y se alejó lentamente. Continuó la conversación y el líder preguntó: —¿De qué hablaremos hoy? El amigo le respondió: —Sobre alguien que era libre y ahora no lo es. Hablaremos de las prisiones modernas, aquellas que te ofrecen cierta libertad con tal de que no te des cuenta en la jaula que estás. —Suena interesante, empieza tú; le propuso el líder. —Claro que sí, mi amigo. Veo que depositaste el cheque que te di la vez pasada, pues pasó como efectivo a tu cuenta personal. —Sí lo hice tal y como acordamos, pues creo que solo la primera parte se logró, depositaste mi cheque, pero el tuyo nunca fue depositado a mi cuenta". Entonces dijo el líder: —No puede ser, el día que nos despedimos le dije a mi hija que quería pasar por el banco a ver algo en mi cuenta personal, así lo hicimos, fuimos al banco, ella me esperó en el carro y yo hice el depósito, esperé los ocho días y luego llamé a mi secretaria, le pedí mi chequera personal, hice el cheque, llené el depósito para tu cuenta, pero en el memo del cheque puse: Gracias por ser mi amigo; no me pareció bien poner la palabra que me dijiste; luego llamé al mensajero y le dije que lo depositara, después de aproximadamente dos horas, el mensajero me trajo el comprobante del depósito, aunque la secretaria insistió que se lo entregara para archivarlo, yo me quedé con él, aquí está, lo tengo conmigo. El amigo sonrió y él dijo: —Te han mentido, el cheque jamás se depositó, por lo menos en mi cuenta. El líder insistió: —No puede ser, aquí tengo el comprobante. Miraron juntos el comprobante y se dieron cuenta de varias cosas: no fue el cheque que el líder llenó, había sido cambiado el beneficiario del depósito. —¿Cómo es posible? Fue la pregunta del líder. —Te diré cómo es posible, —respondió el amigo— aunque estás sano, te tratan como enfermo, aunque hablas, te interpretan, aunque caminas, quieren cargarte, aunque eres dueño, tomas muy pocas decisiones, aunque tienes dinero no puedes gastarlo como quieres, aunque puedes defenderte están ahí para hacerlo por ti, aunque puedes volar, tendrás limitaciones para hacerlo, aunque lograste el éxito, la fama, dinero, familia, con tristeza te digo que has perdido lo más importante, tu libertad". El líder le contesto: —Tú no sabes lo que dices, puedo hacer lo que quiera y cuando quiera, soy el fundador de mis empresas y las dirijo; mis hijos me cuidan y protegen todos y cada uno de mis bienes; soy feliz. ¿Soy feliz?, se auto preguntó el líder. Luego se levantó de la mesa y se dirigió a su oficina, fue un camino largo y muy tedioso, pues durante el mismo por su mente pasaron muchos momentos de toma de decisiones en las que claramente él veía la junta administrativa, dirigida por sus hijos y sus buenos amigos, diciendo qué hacer, cómo hacer y cuándo hacer los cheques que había firmado, eran de sumas muy pequeñas, los de sumas grandes se lo hacían saber o él se enteraba por meras coincidencias. En seguida llamó a la secretaria y le ordenó, "deme mi chequera personal". Ella le respondió, "yo no la tengo señor, la tiene la licenciada, o sea su hija". Entonces él le ordenó que la buscara y "me la trae a mi oficina de inmediato". Así lo hizo y cuando le entregó la chequera, revisó las copias de los últimos cheques y ahí estaba la copia del cheque que le había hecho a su amigo, pero el cheque nunca se depositó. Indignado convocó a una reunión de urgencia, a la que junta administrativa aceptó. Ya en la reunión cuestionó qué pasó con el cheque que a su amigo hizo y mandó a depositar. —Solo que pensamos que era un error y decidimos no depositarlo; dijo uno de los hijos. —Como un error, ¡explíquenme!, refutó fuertemente enojado y con voz retumbante. —Al ver el memo del cheque creímos que se trataba de un engaño, pues a tu amigo no lo conocemos muy bien, lo investigamos y no encontramos nada en internet y pensamos que él tiene primero que relacionarse con nosotros. Usted debió presentárnoslo para saber quién es y cómo debemos tratarlo, por eso no lo depositamos, en vez de eso lo guardamos para usarlo más adelante después de la investigación, pues debemos resguardarlo, cuidarlo y estar muy pendientes de todas y cada una de las cosas de usted y las compañías. Sin embargo, dijo el líder una vez más enojado y preguntó: —No aceptaré eso. ¿Desde cuándo tengo yo que mostrarles a ustedes mis amigos, explicarles lo que hago y estar sujeto a su escrutinio? Todos a una voz contestaron: —Desde el mismo momento que aceptó ser un enjaulado. En ese momento, justo en ese momento tocó los barrotes de los límites que tenía alrededor de su persona, su fama y sus compañías…

La fama y la fortuna podrían convertirse en barrotes que nos quitan la libertad de caminar y de poder compartir con personas que antes eran nuestros amigos y que ahora los hemos cambiado por otros nuevos amigos que están dentro del perímetro y acorde con lo que se tiene en el momento. La historia de este hombre refleja la de muchos seres humanos que, al lograr el éxito esperado, obteniendo fama y fortuna se dan cuenta de que los familiares y amigos más cercanos, con la supuesta intención de cuidarlos, les hacen una cárcel con los barrotes del límite. Por eso es muy importante hacer memoria de quienes estaban contigo antes de tener el éxito que tienes ahora. Preguntarte por qué tus parientes y amigos cercanos te cuidan tanto, por qué te han sacado poco a poco del contacto con los demás, por qué supervisan tu vida con cámaras y micrófonos por todos los lados.

Es verdad que con la fama y la fortuna también llegan la envidia, el odio y las malas intenciones; pero aquellos que estuvieron contigo cuando nada tenías y que te apoyaron por el hecho de ser tus amigos, ellos merecen un poco de tu atención y algún beneficio, o el disfrute de tu nuevo estatus.

Es triste ver cómo los hijos y familiares cercanos se reparten los bienes o frutos del éxito obtenido con mucho sacrificio de una persona que todavía está viva; y es más triste aun cuando se trata de alguien con fama que muere y aquellos que fueron sus enemigos, ahora viven de sus ganancias.

Si usted ha logrado algún éxito en su vida, producto de su sacrificio y entrega, es tiempo de que haga memoria, piense en quiénes estuvieron ahí para usted y haga partícipe a cada uno de esos que lo apoyaron. Dele gracias, ayúdelos con sus experiencias o bienes. Considere a los que trabajan con usted en su empresa, en su diario vivir. Haga que participen y reciban, elabore un programa de ayuda para los más necesitados, cree algún tipo de fundación para ayudar a niños, jóvenes y adultos emprendedores. Asimismo, forme parte de algún hogar para envejecientes con sus contribuciones constantes, diseñe planes de cursos técnicos, vístase de pobre un día y camine por los barrios, aprenda a escuchar el crujir de los estómagos vacíos de personas hambrientas y supla para ellos. Por favor, empiece a sembrar esperanza y vida; este es su tiempo de eliminar cada barrote de límite que le han puesto a su vida, con la excusa de cuidarlo. Salga de esa jaula y responda a las siguientes preguntas: ¿Quién lo cuidaba antes de usted obtener fama y fortuna? ¿Quiénes aparecieron después de obtenerla? ¿Quiénes realmente están cuidando de usted o a sus posesiones? Si por alguna causa de la vida quedara sin dinero y sin fama, ¿quiénes estarían ahí para usted? Responda con toda sinceridad y elimine de una vez y para siempre "los barrotes de límites".

ALGO MEJOR

CAPÍTULO 9

ALGO MEJOR

Es indiscutible que la rutina cansa y muchas veces mata; el vivir siempre haciendo las mismas cosas, con las mismas personas, en el mismo lugar, es súper aburrido y un asesino silencioso, aunque muchas veces al no conformarte con lo que tienes, no valoras y quieres algo diferente solo porque sí. Este era el caso de Pasaya, quien tenía una familia hermosa llena de amor, respeto y comprensión. Se podría decir que tenían todo para ser felices, una casa propia donde vivir, vehículos para transportarse, comida, lugares para visitar, historias que contar, tenían tanto que eran la envidia del lugar.

Pasaya vivía en lo que podríamos llamar un paraíso; cada día era despertado por su madre con un beso, un abrazo y dulces palabras de buenos días. Al levantarse tenía la opción de bañarse con agua fría, caliente o tibia; luego del baño esperaba un suculento desayuno, con más de una elección. Tras el desayuno, podía tomar su carro, aquel de color amarillo que le había regalado su padre, como premio por nada bueno, solo para que lo disfrutara y se sintiera orgulloso de ser un hijo mimado. Y no era para menos, pues él era hijo menor, aquel que podía cambiar la comida del día por la que quería, la hora de acostarse, por la de estar despierto, para Pasaya no había límites ni reglas, podía cruzarlos todos y violarlas todas; hay de aquel o aquella que osara ponerle las manos encima, pues sería fuertemente castigado. Pero a pesar de todas estas comodidades, de todas estas "expresiones de amor" había un sentir en Pasaya de buscar algo diferente, de romper con la rutina, estaba cansado de las mismas cosas. Un día conoció a los mellizos, o los Mellos, como comúnmente les decían. Los Mellos eran hermanos de la

maldad, de pasar hambre, de buscar problemas. Ellos tenían el sobrenombre de "busca muertos y azara vivos" y se les veía casi siempre en
los funerales, en algunos de los cuales eran contratados para entretener
a las personas haciendo chistes de todo tipo y burlándose del tonto
elegido de la noche. Fue en el funeral de Benjamín donde Pasaya los
conoció, fue una amistad a primera muerte, digo, a primera vista. Casi
nadie se metía con los Mellos, eran temerarios, sanguinarios y malos,
muy malos; golpeaban hasta a sus propios padres si fuera necesario,
conocían la mayoría de las cárceles y también a los oficiales de las mismas. De hecho, cuentan que había un alto oficial que los patrocinaba o
daba respaldo, a cambio de un porcentaje de los robos que ellos hacían;
sí, porque también y sobre todo eran ladrones, atracadores, abusadores
y matones. Pasaya se enamoró del estilo de vida de los Mellos, pues
para él era algo diferente, mucha adrenalina, según él creía. Para los
Mellos todos los días eran diferentes; sin embargo, para él todos los
días eran iguales, que gran pesar; pero había llegado la hora de hacer
un cambio. Así empezó sus andanzas con lo Mellos, comenzó a levantarse temprano para correr con ellos, llevaba su desayuno abundante
para todos, a medida que su relación con los Mellos se profundizaba,
todo en su entorno cambiaba, ya no necesitaba el beso de su madre
por las mañanas, diciendo: —No soy un bebe, soy un hombre y debo
ser respetado por todos, ahora soy el amigo de los Mellos. Estos pensamientos lo inspiraban y quería que todos lo supieran y le temieran.

Un día, mientras estaba en la casa de los Mellos llegó un oficial conocido como El Cojo; algunos no sabían por qué le decían así, ya que
realmente no lo era. Pues bien, no era por él si no por lo que le había
hecho a muchos ladrones; cuando él apresaba a un ladrón, le quitaba lo
robado y luego le decía: —Ya no hay pruebas para que te acusen, puedes irte, pero vete de prisa antes de que me arrepienta. Cuando aquel
ladrón, creyéndose libre corría, le pegaba un tiro (disparo) en una de
sus piernas. Después se le acercaba y le decía: —Yo sé dónde viven tus
familiares, puedo matarlos o mandarlos a matar a todos, solo una cosa
me lo puede impedir, ¿quieres saber cuál? Cuando el ladrón le decía
que sí, el oficial le contestaba: —Que te unas a la banda de El Cojo,
si dices que no, te mato aquí mismo y luego a tu familia. Si dices que

sí, tendrás que cojear todo el tiempo y aun no sea necesario, podrás robar sin que te molesten, pero el 60% de lo que robes será de El Cojo, es decir mío, ¿qué dices? Casi todos los ladrones decían que sí, pues aquellos que dijeron que no jamás lo contaron.

El Cojo saludó a los Mellos: —¿Cómo están mis discípulos favoritos? Pero... esperen un momento. Si los Mellos eran discípulos de El Cojo y compartían con él sus robos, ¿porque ellos no eran cojos? Porque la idea o el truco de hacer a los ladrones cojos, no fue del oficial sino de ellos.

Una noche durante uno de sus robos, los Mellos fueron sorprendidos por el oficial Víctor (nombre real de El Cojo). Cuando los sorprendió, ellos emprendieron la huida. Días después, una noche oscura, habían tres personas hablando con una patrulla (carro oficial de la Policia), eran el oficial Víctor y los Mellos. Esa noche los Mellos se habían dispuesto a matar al oficial Víctor, lo tenían con una pistola en la boca y otra en el cabeza; lentamente los gatillos de ambas armas se iban alejando para ser disparadas, pero de pronto se escuchó una voz de uno de los dos Mellos que dijo: —¡No! Tengo una mejor idea, disparemos hacia arriba, y así lo hicieron. —Víctor, tú ya estás muerto, ¿entiendes? —No; dijo Víctor. —Hoy hemos matado a Víctor el oficial serio, honesto y cumplidor de las leyes. ¿Quién cuidará de tu esposa e hijos? ¿Quién lo librará de nosotros? —Nadie; contestó. —Entonces esto es lo que te proponemos, hagamos una banda, fuera de nosotros, de hecho, nosotros también contribuiremos y será la banda de Víctor... No, pensándolo bien eso es muy obvio, mejor te daremos un tiro en una pierna y así te haremos cojo, entonces será la banda de El Cojo y tú serás el jefe; todo ladrón que robe y tú lo atrapes hazlo parte, primero dejándolo cojo. —Por favor, —dijo Víctor— yo entiendo todo y estoy dispuesto a hacer algo diferente. Estoy cansado de ser el bueno, claro que me puedo convertir en El Cojo, aun sin serlo. —¡Eso es! -gritó el otro Mello-, será el jefe cojo sin ser cojo, ni tú ni ninguno de nosotros seremos cojos, de esta manera ¿quién se escapará de nosotros? Así surgió la banda de los cojos.

Luego de intercambiar miradas, dice: —¿Quién es este?", preguntó El Cojo tras señalar a Pasaya. —Es uno más que quiere algo diferente. A lo que El Cojo dijo: —Que bien, ¿será parte de nosotros? Mientras que los Mellos respondieron a coro: "Sí". Pasaya pensó: "Por fin algo diferente". El Cojo preguntó: —¿Es de confianza? —Sí, puedes hablar delante de él, —afirmaron los Mellos— es de los nuestros. En ese sentido El Cojo siguió conversando: —Tengo un plan para un golpe mayor, es un robo a mano armada, en una de las casas de doña Felfa. Ella me informó que le alquiló a un nuevo inquilino, al parecer a un hombre de dinero, pero no está dispuesto a negociar. Ayer lo fui a visitar y ni verlo me permitieron, hasta una orden me pidieron y al no tenerla, nada pude hacer, pero vi unos movimientos; según mis informantes es un infiltrado que le han pagado para que supuestamente arregle todo lo malo que aquí pasa, deben tener mucho cuidado, pues dicen que está dispuesto a todo para hacer algo diferente en este lugar. Los Mellos reaccionaron: —Tranquilo mi jefe, nosotros nos encargamos, solo díganos cuándo y lo demás es cuestión nuestra. Así quedaron; al salir El Cojo dijo con una gran voz: —¡Tengan mucho cuidado, pues yo los estoy vigilando y guerra avisa no mata soldado! Aunque lo dijo con mucha seguridad para los Mellos era otra falsa más de su alianza.

Cuando El Cojo se fue, Pasaya suspiró y dijo: —Por fin voy a entrar en acción. Entonces respondieron los Mellos: —¡No, esto es grandes ligas! Ripostó Pasaya: —¿Y qué piensan que soy yo? Ellos le dijeron que tenían que entrenarlo para matar y que lo haga sin piedad. —¿Puedes hacerlo?, le preguntó. A lo que respondió Pasaya que claro que sí. El entrenamiento empezó, día a día Pasaya se preparó para ese gran golpe. Como todos conocían a los Mellos, la noticia a la madre de Pasaya llegó. —Hijo mío, eres muy joven, tienes un futuro por delante, estos muchachos con los que te estás juntando, no tienen nada que perder, pues ya ellos están perdidos, por favor, no andes con ellos, son muy mala compañía. De esa manera le rogó su madre a Pasaya. —¿Qué sabes tú de la vida? Eres una mujer sola, sin ninguna compañía, en cambio yo, por primera vez en mi vida me siento vivo —refutó el joven a su madre—. Realmente no necesito de tu compañía. —Mi hijo, —le dijo la madre—, ¿no te das cuenta que puedes ir a la cárcel?

Pasaya siguió replicando: —¡Qué importa! Yo soy joven y puedo coger cárcel, no como tú que eres una vieja.

Un día mientras Pasaya salía de su casa, pasaron los Mellos y lo invitaron a hacer "algo diferente", pero que irían en su carro amarillo. Él aceptó y mientras iban de camino le brindaron alcohol; sin embargo, no quiso beber. Un poco más adelante, le dijo uno de los Mellos, "entra aquí", era el negocio de don Pancho, quien era un hombre honesto, conocido por todos como un hombre muy trabajador, de familia y no dado a los problemas. Su negocio era como un mini-mercado donde se vendía de todo un poco; cuando los Mellos querían algo de dinero, pasaban por el lugar y lo pedían, pero este día, don Pancho no estaba, en su lugar estaba un empleado de confianza llamado Plinio. Este era un hombre del campo, honesto y trabajador que había criado a 11 hijos, todos ya profesionales, entre ellos había doctores, ingenieros, abogados y militares (un coronel y un general activo); cuando llegaron los Mellos, le dijeron a Pasaya que los esperara en el carro, que lo dejara encendido y listo para partir de manera inmediata. Así lo hicieron y se dirigieron a la entrada del lugar, ya allí empezaron a tomar cosas, cervezas, panes, quesos, cigarrillos, entre otras cosas, preguntando, "y ¿dónde está don Pancho?". Plinio respondió, "no está aquí". De nuevo los Mellos cuestionaron, "¿él le dijo quiénes somos nosotros?". Sin demora Plinio dijo que no. "Bueno, somos los Mellos y cuando venimos aquí tomamos todo lo que queremos, no pagamos nada, pues tenemos un acuerdo; pero también don Pancho nos da algo de dinero". Fue cuando Plinio argumento, "bueno, creo que deberían esperar que don Pancho esté aquí, pues yo, ni compra gratis ni dinero les puedo dar y mucho menos dejar que se lo lleven, pónganse en mi lugar, ¡qué se podría pensar!". Entonces uno de los Mellos dijo, "bueno, bueno, bueno... al fin alguien valiente apareció, oiga, solo nos llevaremos el ron y denos algo de dinero". El hombre le dijo que no podía darle ni el ron ni el dinero. "¡cállese! Con quiénes cree usted que está hablando, ya le dije que somos los Mellos, anote el ron y el dinero nos lo llevaremos y cuando venga don Pancho usted le da las notas de nuestra parte", tomaron todo lo que tenían y lo enfundaron, abrieron la caja registradora y el dinero cogieron. Aquel Plinio tomo un palo de escoba que le quedaba a su lado y amenazó a uno de los Mellos, pero antes de que alzara aquel palo sonó un disparo, ¡ban! el otro Mello con su arma en las manos, de nuevo volvió a disparar ahora de muerte. "Muere, muere ¿quién te cree que eres?". Después de cinco disparos aquel hombre cayó y al instante murió. Los Mellos salieron de aquel lugar, muy apresurados, se montaron en el carro: "¡Corre, corre, corre date prisa vámonos!", le ordenaron a Pasaya quien preguntó: "¿Qué paso?", a lo que ellos respondieron, "nada, solo cállate y conduce".

Pasaya llevó a los Mellos a su casa y luego se retiró a la suya. Tres días después, mientras Pasaya lavaba su carro, llegaron unos agentes de la Policía y preguntaron, "¿quién es el dueño de este carro?". Pasaya afirmó que esa suyo. "Entonces usted está arrestado por el robo y asesinato en el súper mercado de don Pancho", lo esposaron y se lo llevaron. Ya en la cárcel, recibió la visita de El Cojo —el oficial Víctor—, quien le preguntó, "¿cómo esta Pasaya?". Sin mucho rodeo el reo contestó: "No muy bien". Entonces El Cojo le explicó, "como tú verás estoy aquí porque los Mellos te enviaron un mensaje, te mandaron a decir que te declares culpable, pues ellos y yo te sacaremos de aquí lo más pronto posible". A lo que cuestionó el preso: "¿Pero culpable de qué?" "De robo y asesinato", le ratificó El Cojo. "No, yo no puedo hacer eso, yo no hice nada y me condenarían a muchos años de cárcel". Fue cuando sentenció el oficial; "pues bien, si no te declaras culpable y los Mellos fueran a la cárcel, tu madre, tu padre, tus hermanos, primos y toda tu familia morirán lentamente, pero si te declaras culpable, saldrás en unos meses y todos continuaremos siendo felices; tienes hasta esta noche para que lo pienses".

A pesar de que Pasaya no se declaró culpable y dijo justamente lo que pasó, en el juicio fue declarado culpable y condenado a quince años de prisión, a los Mellos lo condenaron a diez años de prisión; pero salieron antes de los seis meses. No se sabe el por qué, pero la grabación de las cámaras que operaban en el negocio de don Pancho no aparecieron, ni se usaron en el juicio; se dice que alguien llegó allí y tomó las grabaciones, las mismas que fueron encontradas en los cuerpos sin vida de los Mellos, a unos pocos metros de su vivienda; justamente un año después del asesinato de Plinio.

En cuanto a Pasaya, de los quince años, siete en la cárcel cumplió, alguien ordenó que lo dejaran salir, estaba enfermo, tenía pulmonía; justo un día antes de salir, recibió la visita de un general que le preguntó: "¿Por qué lo hiciste?, tú lo tenías todo, familia, amor y preparado para un futuro de éxito". El condenado musitó: "¿Por qué? Porque quería algo diferente". "¿Lo conseguiste?", el general preguntó de nuevo; a lo que Pasaya le respondió: "Estando aquí en la cárcel durante este tiempo he entendido que cuando podemos dormir, comer y soñar, cuando tenemos personas que nos aman y están dispuestas a sacrificarse por nosotros no debemos buscar algo diferente; ¡cuánto me ha costado entender eso!" Soy el general Vial, hijo del señor Plinio, quien le reflexionó, "entonces espero que hayas aprendido la lección, no busques algo diferente, todavía estás a tiempo de buscar siempre algo mejor. Si tú me hubieras respondido diferente, la tumba que está en el patio sería tu nueva casa, pero hoy quiero darte la oportunidad de buscar no solo algo diferente, sino algo mejor…"

La amistad se cultiva, se cuida, se protege y se abona cada día con amor, respeto, perdón, misericordia, reconciliación y restauración.

CAPÍTULO 10

SIMPLEMENTE AMIGOS

———•———

SIMPLEMENTE
AMIGOS

¿Cómo definirías tú la amistad? Por favor, tómate tres minutos para definir qué o cómo sería un amigo para ti. Te doy tan poco tiempo, porque me imagino que de antemano ya tienes una definición, sea que la hayas escuchado, leído, aprendido o vivido sobre la amistad; te dejaré estas líneas en blanco para que escribas tu definición:

_____

_____

_____

_____

_____

Cuando por circunstancias inexplicables de la vida tienes que correr, dejar tu país, familiares, amigos y todas tus pertenencias, más aun sin poder dar explicaciones al tú mismo no poder todavía entender el porqué de las cosas, el que solo pasó y que debes irte. Generalmente aquellos que están cerca exigen una explicación, un porqué y cuando no la reciben, comenten el error de hacer conjeturas, buscando los porqués, te juzgan, condenan y te encierran en la cárcel del olvido. Mucho más aún si se sienten engañados, defraudados por ti, si te ven como un mentiroso, falso amigo y mala persona, pero aun es peor si entre ellos hay agitadores, esas personas que dirán "tú si eres tonto, te dejaste engañar". Los agitadores (o incitadores) tienen la misión de endurecer los corazones de aquellos que dejaste atrás. Cuando esto pasa y se presenta la oportunidad o circunstancia de llamar o visitar a una de esas personas que fueron y que aun consideras tus amigos o familiares, te ves en frente de ellos juzgando o argumentando cuán falso tú eres, según su pensar, pudiendo incluso decir que es otro el que piensa así de ti.

Si en algún momento tuviste que alejarte sin tener el tiempo para despedirte, no permitas que la tristeza te embargue, no des muchas explicaciones, deja que el tiempo hable por ti. Alguien dijo: que a los enemigos no se les da explicaciones porque ellos no te creerán y a los amigos no se les da explicaciones porque si son tus amigos, no las necesitarán, simplemente entenderán y esperarán.

Aquel día, Ogima estaba pensativo, confuso, preocupado, nervioso pero listo para un viaje posiblemente sin regreso. Habían pasado tres años y ocho meses, desde aquel día que partió de su país; todavía estaba fresco en su mente, fue un 22 de febrero del año 2007. Ahora, después de orar, de pensarlo mucho y hablar con su esposa e hijos, tomó la decisión de que ya era tiempo, que había llegado la hora de ir a su país a enfrentar a ese hombre que, según Ogima, era una de las últimas cosas que le quedaba por arreglar en su vida; sin embargo, este no era cualquier viaje, sino que era uno de esos viajes que se hacen sin pensar en regresar, no porque el avión se cayera, o por algún accidente que podría pasar, sino porque el regreso dependía de la reacción del señor "S" (nombre o letra con que lo identificaba), siendo la persona que Ogima había decidido ir a visitar. Este era un viaje posiblemente sin regreso.

Cuando Ogima salió de su país de origen, había dejado negocios inconclusos y una conversación pendiente con el señor "S"; se trataba de un hombre de negocios, que había prosperado mucho, había pasado de pobre a rico, tenía socios que no se daban el lujo de que lo engañaran y para ellos Ogima era un farsante que se había burlado de ellos. El señor "S" tenía una pistola que guardaba en un cajón de su escritorio. Con todo esto en mente, Ogima preparó un plan; llamó a uno de sus amigos, el Chino, que conocía al señor "S", para que fueran juntos y le dijo: —Este es el plan, vamos a llegar juntos, tú te presentarás, pero cuando vayas a entrar a la oficina, yo entraré y tú me esperarás afuera, yo lo voy a saludar, si escuchas un disparo, corre a sacarme, llama al 911 y trata de salvarme. Para este amigo el plan era casi un suicidio. —¿Por qué no mejor lo llamas? —Le preguntó el Chino—, de esta manera, dependiendo como él te responda sabrás si lo visitas o no. Entonces Ogima le respondió: —Porque antes de salir del país nosotros éramos amigos; si realmente era mi amigo, su corazón lo recordará y la amistad se renovará, pero es un riesgo que debo tomar. Recuerdo cómo fue que nos conocimos, él llegó a mi compañía para comprar unas computadoras, diciendo necesitaba 13 equipos completos. Cuando llegó, preguntó por el dueño, los empleados lo llevaron hacia mí, entonces me explicó que estaba comprando estas 13 computadoras para una venta que tenía, que las pagarían en 15 días, pero que debía entregarlas al día siguiente. Me dijo que no tenía dinero para pagarme, que estaba consciente de que yo no lo conocía, pero que podía darme un cheque para que lo cambiara después que le pagaran. Como garantía podía quedarme con su vehículo, las llaves y la matrícula, hasta que me pagara. Lo miré de arriba hacia abajo, llamé a uno de mis empleados y le dije, por favor, prepárale las computadoras y entrégaselas al señor. Cuando las prepararon, él se dirigió a mí y me pasó las llaves y las demás cosas; yo le dije: —Señor, usted es un hombre serio. Le autoricé las computadoras a crédito, estoy seguro de que usted me las pagará; y así mismo fue. Él cumplió con lo acordado; después de esto empezó una amistad, conocí a su esposa e hijos, el conoció a mi esposa y a mis hijos, llegamos a compartir en su casa y en la mía y con el tiempo hicimos otros negocios. Luego, a él le fue mejor que a mí, aunque en realidad no cambió, pero se asoció con otras personas que aparentemente yo no les caía muy bien, pues me querían lejos de él, hasta el día de hoy no sé porqué, pero la relación se fue deteriorando.

En medio de negociaciones tuve que salir del país y nuestra última conversación no fue muy grata; desde hace más de tres años no me comunico con él, no sé qué pensará, cómo reaccionará, pero es mi deber saberlo; —suspiro resignado— cosas de la vida. El plan continuó, el Chino llamó al señor "S", hizo una cita para reunirse con él; como cosas del destino, el día de la reunión fue justamente el día antes del vuelo de partida de Ogima. La reunión sería a las tres de la tarde y la salida del vuelo al otro día en las primeras horas de la mañana.

Estaba todo listo. Ogima se puso uno de sus trajes más elegantes, de hecho, era un traje nuevo, preparado para la ocasión, como si quisiera causar una buena impresión o recibir la muerte con elegancia. Repasaron todo el plan y se dirigieron hacia la oficina del señor "S"; ya en la oficina, el Chino saludó a la secretaria, —¿Cómo estás? Buenas tardes. Ella respondió el saludo con mucho respeto, —muy bien señor ¿y usted? —Bien también, gracias a Dios; —dijo el Chino— tenemos una cita con el señor "S". —Deme un minuto y le aviso —respondió la secretaria. Ella llamó al señor "S", le informó que lo estaban esperando e inmediatamente él le dijo que lo dejara pasar. Realmente el señor "S" esperaba solo al Chino, pues no sabía de otra persona y mucho menos de la visita de Ogima. Cuando iban de camino a la oficina, el Chino se quedó sentado en el lobby y Ogima pasó a la oficina, tras llegar a la puerta, vio que la misma estaba oscura, no le sorprendió, pues sabía que el señor "S" sufría de migraña. —¿Cómo está usted compa? — Preguntó Ogima. —¿Compa? —Respondió el señor "S", quien poco a poco encendió las luces de la oficina.

El señor "S" abría y cerraba los ojos para poder adaptarse a la claridad, al final podía ver que era Ogima quien estaba frente a él y se quedó paralizado, hablando entre palabras decía: —Compa, Compa ¿es usted? Así se llamaban entre ellos, se decían Compa, que viene de compadre, un tipo de relación de respeto que se da entre dos personas, pero se decían así por la amistad que los unía. —Sí Compa, soy yo, vine a pagarle todas y cada una de las deudas que tengo con usted. El señor "S" se quedó otra vez paralizado y empezó a llorar, luego abrazó a Ogima y le dijo: —Compa, usted no me debe nada. Todas sus deudas para conmigo están saldadas, necesito algo de usted. Ogima llorando le respondió: —Pídame lo que sea Compa, solo dígame. Entonces el señor "S" continuó: —Compa, cuando usted se fue me quedé prácticamente solo, durante estos últimos tres años mi vida se ha desgastado, mi mejor amigo no estaba, no tenía con quién hablar, reí, llorar y orar. Compa, quiero su amistad, quiero que seamos como antes o mejor, solamente quiero que seamos siempre amigos. Se dieron un fuerte abrazo y finalmente Ogima afirmó: —Así será Compa, así será. En ese preciso momento entró el Chino a la oficina, —díganme cómo va todo, —preguntó. Y como un coro ensayado, ambos contestaron: —¡Todo está muy bien, por favor, déjanos solos!

Una cosa es decir soy tu amigo y otra cosa es demostrarlo. Tengo la firme convicción de que el que ama da. Usted puede dar sin amar, pero le será muy difícil amar sin dar. La amistad se cultiva, se cuida, se protege y se abona cada día con amor, respeto, perdón, misericordia, reconciliación y restauración. Es más fácil perder a un amigo que mantenerlo; mantener una amistad conlleva un costo que, si no se está dispuesto a pagar, jamás la amistad prevalecerá, sabiendo que necesita a los demás, pues debe estar en la disposición de invertir, sacrificar lo que sea necesario para ganar y mantener amigos.

Tanto Ogima como el señor "S", entendieron una gran realidad: toda relación humana tendrá fallas. En toda relación humana habrá fracasos, mentiras, caídas, engaños, falsedades, debilidades y demás, sin importar los niveles sociales, culturales, económicos, religioso, etc. ¿Cuánto pueden tus amigos fallarte y esperar en ti? Ahora quiero invitarte a responder a esta pregunta y luego a esta otra: ¿Qué capacidad tienes de restaurar a un amigo?

Una de las partes más difíciles de recomponer una relación después de una falta, no es perdonar, no es recibir el perdón, no es llorar juntos, es poder ser mejores que antes, es poder restaurar y poder olvidar (olvidar es = no se hable más del asunto). Esto fue lo que realmente pasó con el señor Ogima y el señor "S". Después de ese día, la relación entre ellos jamás fue igual, sino mejor, mucho mejor; hicieron mejores negocios, sus familias se relacionaron entre sí; cuando se reunen disfrutan al máximo el compartir. Creo que se aman mutuamente y tanto el uno como el otro haría cualquier sacrificio en beneficio de su amigo. Si pones el nombre de Ogima al revés, sería "Amigo" y si a esta palabra le agrega el nombre del señor "S", entonces sería "Amigos"; hasta el día de hoy es lo que ellos son. Lo sé, porque uno de ellos soy yo.

Ni ese día que nos juntamos, ni ningún otro día, mi amigo, mi hermano, mi Compa, una de las personas que gozan de mi amor, respeto, misericordia, perdón y restauración, me pidió, ni me ha pedido una explicación del por qué pasó lo que pasó. Tampoco se la he pedido a él, pero de una cosa sí estamos seguros: que su esposa y mi esposa, sus hijos y mis hijos, sus amigos y mis amigos, saben y sabrán siempre que **"Julio Reyes y yo, somos simplemente amigos"**

Gracias, muchas gracias Compa por ser parte de "Mi mejor día".

LA ESTRELLA
FUGAZ

LA ESTRELLA FUGAZ

Creo que todos empezamos desde cero y terminamos con una historia. Ahora, preguntarte, ¿cuáles fueron tus inicios? Me gustaría que pienses en tus inicios, en tu génesis, ¿cómo y dónde naciste? ¿cómo fueron tus padres? Tomando esto en cuenta y ya que empecé mi mejor día con un capítulo 0, que significa iniciar.

Ahora quiero continuar con la historia y de esta manera darles a conocer una parte muy importante de la formación de mi mejor día. Fue aquella noche cuando una parte de la gran familia de las constelaciones se juntaron para hacerme uno de los favores más grandes y hermosos. ¡Sí! Creo que la luna, las estrellas y la noche se juntaron, se hicieron cómplices para obrar a mi favor. En esta ocasión me encontraba cursando el primero del bachillerato (que es igual al primero de la secundaria), y esa noche parecía igual a las demás, pero tenía algo muy especial; era la noche en la cual yo podía, sin saberlo, profetizar, decir o declarar algo para mi futuro que en realidad iba a pasar. Digo sin saberlo, pues en ningún momento vi la famosa estrella fugaz, aquella que mientras la ves caer pides un deseo y, según la creencia, se te concederá. ¡Sí! Es verdad que el cielo estaba lleno de estrellas; lo sé porque lo observaba muy detenidamente, hasta me puse a contar las estrellas, vi cómo la luna alumbraba toda la noche, haciendo camino en medio de la oscuridad con un resplandor que permitía ver detalles únicos de una noche mágica. Miraba de un lado para otro, como buscando lo que no había perdido, fue esa noche que por primera vez la vi, estaba parada en el balcón de las escaleras del liceo secundario Capotillo. Ella estaba pensando, aunque creo que más que pensando estaba mirando hacia arriba, creo que el resplandor de la noche la enamoró o mejor aún la estaba conquistando para mí. Allí estaba ella miraba aquel hermoso cielo.

Eran las primeras semanas de clases, apenas empezaba el año escolar, en primero de la secundaria. Subí las escaleras y le pregunté: —¿Cómo te llamas? —María, —ella me respondió. —Igual que mi madre —le dije. Empezamos una conversación. ¿De qué? No recuerdo. Unos minutos después subió mi amigo Eulogio, lo saludé y le dije: —Eulogio, quiero presentarte a María mi novia, mi futura esposa y la madre de mis hijos. Eulogio, rápidamente, con una sonrisa la saludó: —¿Cómo estás? —Le preguntó—, mi nombre es Eulogio. Ella le respondió: —Muy bien gracias, —con una voz pausada, muy tranquila y dulce, luego continuó y dijo: —Yo no soy su novia, yo tengo mi novio, apenas acabo de conocerlo. Rápidamente sin esperar y de manera automática le respondí: —No te preocupes, yo no soy celoso. Quería decirle que no me importaba que tuviera novio. Al parecer todo quedó allí para nosotros; pero no para la luna, las estrellas, la noche y mucho menos para aquella estrella fugaz, que mientras descendía, estaba dispuesta a dar lo que era la esencia de su ser, en cumplir un deseo que aquel, o aquella pidiera.

Creo que esa noche especial, a la estrella fugaz, no le importó que la vieran o no, ella simplemente no moriría, sin conectar a alguien por medio de un deseo o una declaración. Ella estaba justamente allí cuando de una forma inusual hice aquella declaración y cómo ella también quería ser cómplice, un deseo de amor a alguien quería entregar. Eulogio y yo bajamos y mientras caminábamos por el pasillo del liceo, él me preguntó: —¿Realmente te gusta esa muchacha? —No; —le respondí—, ella no es fea, pero no me gusta, solo estaba bromeando. Y realmente estaba bromeando, aunque sin darme cuenta había comenzado el accionar de la estrella fugaz hacia el camino de la felicidad.

En realidad, María tenía su novio, eso lo supe después. Yo también tenía mi novia, era rubia, pelo largo y hablaba mucho, teníamos unos meses de amores a escondidas, pues ni mi familia ni la de ella lo sabían; tampoco no nos conocían entre la familia del uno al otro. Un día, de repente, ella no volvió más a clases, después de una semana de ausencia, empecé a investigar y supe que su padre había enfermado de gravedad y que ella se fue a cuidarlo a su pueblo, a un lugar llamado Santiago de los Caballeros. En ese tiempo para mí era muy distante, tampoco sabía cómo llegar, ni en qué lugar de ese lugar vivía su familia. Nunca supe de ella, hasta el día de hoy. Quizá se casó, tuvo hijos, o se quedó sola. Realmente no sé, pero lo que sí sé, es que lo que estaba sucediendo era obra de aquella noche, las estrellas, la luna y, sobre todo, de la estrella fugaz.

El tiempo pasó y aunque mi tristeza por la novia que jamás volvió fue grande, algo pasó. Aquella joven llamada María estaba en el mismo curso, en la misma aula que yo y empezó a sentarse detrás de mí. Ella era tan diferente a las demás, era una morena (india como les decimos), con un cuerpo precioso, reservada, hablaba muy poco, era muy callada, todas las noches, se paraba en el balcón, en el mismo balcón donde la vi por primera vez y donde a mi amigo Eulogio se la presenté como mi novia, futura esposa y madre de mis hijos. Poco a poco, sin proponérmelo, empecé a tener una cita cada noche, en aquel balcón con María, y en largas conversaciones no se hablaba de aquella noche, más bien hablábamos de clases, de los maestros, de las materias y más que ella, hablaba yo; sí, me encantaba hablar con ella, pues ponía tanta atención a lo que le decía, que me sentía muy importante. De esta manera se fue estableciendo una amistad pura y sincera, sin un mayor interés que de hacer sentir al otro importante. Decir ¿cómo te fue hoy?, era la pregunta para empezar. Al final solo decíamos, ya tenemos que entrar a clases, bueno continuamos mañana; todo fue así, hasta que decidí acompañarla a su casa. De esta manera y cada noche, después de clases, la llevaba a su hogar. Ella vivía un poco distante del liceo; de hecho, para llevarla a su casa, teníamos primero que pasar por la mía, pues yo vivía en medio, entre el liceo y su casa. Podríamos decir que caminando desde el liceo a mi casa había que recorrer unos 35 minutos o más, para llegar a la casa de ella. Durante este mismo tiempo de caminata, fue en donde empezó nuestra amistad. María no era ya desconocida, ahora era mi amiga, aquella que empecé a querer por encima de todo y todos, con mucho amor, respeto y admiración. Cada noche teníamos una cita en el balcón y luego la conversación camino a su casa, fue durante esas citas y esas caminatas que me enteré que ella no era muy buena en las matemáticas, química y física, por eso empecé a poner toda mi atención para ser el mejor del curso en esas materias; de esta manera me convertí en su maestro. Bueno, en el maestro de muchos, así que además de reunirnos cada noche en el balcón, conversar durante las caminatas, ahora también nos juntábamos para las clases fuera de las aulas, ya sea un sábado o un domingo. En este momento, mientras les cuento esto, me sonrió y digo: —*wow, wow, wow*. Es entonces que mi vida empezó a girar en pos de la vida de María, ya que tenía interés en lo que le gustaba, comía, vestía, como vivía, quiénes eran sus amigos; pero bueno... sigamos avanzando.

Había pasado casi un año de aquella noche en el balcón, me había olvidado de novia, amigas, amigos, todos fueron sustituidos por mi interés en mi amiga María. Dado mi interés por ella, conocí a su mejor amiga. Como debe de ser, me hice amigo de su mejor amiga, llegué a visitarla a su casa y empecé una amista. Recuerdo que un día ella me preguntó si quería a María para que fuera mi novia, le respondí que no, que era mi mejor amiga y que estaba dispuesto a hacer lo que fuera por ella. "Pues bien, tienes que conocer a su novio", me dijo. Aunque ya lo conocía (pues en tiempo atrás María me lo presentó), sabía que él era un joven del barrio, igual que yo. Como no estaba enamorado de María, eso en realidad nunca me importó, pues disfrutaba el estar a su lado, en las conversaciones del balcón, las caminatas hacia su casa y las clases fuera de las aulas; aunque en estas clases habían muchos estudiantes a quienes yo les dada clases por adelantado de aquellas asignaturas que los maestros no habían enseñado (de esta manera avanzábamos más que los demás estudiantes), esto en cuanto a los demás no me importaba.

Realmente no albergaba nada en contra del novio de María, hasta que una noche su mejor amiga me habló de lo mal que aquel joven trataba a María, me dijo que él no era un buen hombre para ella, que no tenía nada o muy poco que ofrecerle. Esto sí me preocupó en gran manera; hablé con María, quien me confirmó lo dicho por su mejor amiga, así que me ofrecí para aconsejar a su novio y ella aceptó. Concerté una cita con él en su barrio, ya reunidos le pregunté sobre sus intenciones con María; lo hice con tanta autoridad que él empezó diciéndome que era su novia, que él, que él, que él... En una conversación de más de dos horas, no me habló del futuro, matrimonio, hijos, bienestar, casa, familia, no, cosas de él y del barrio. Esta reunión me frustró, me hizo ver el futuro que le esperaba a mi dulce y amada amiga, si aquel joven se convertía en su marido o esposo, la vi con varios hijos, viviendo en una habitación de una casa del barrio, con unos muchachos llenos de parásitos y un hombre llegando borracho. Era un futuro desgraciado; los sueños de este joven no salían de su barrio, pues solo se veía allí dentro. Así como fue frustrante para mí, creo que lo fue para él también. Recuerdo que durante la conversación le dije que por María era capaz de todo, que la amaba como nunca había querido a nadie, que era mi mejor amiga y que quería lo mejor para ella. Le dije que ella lo quería y que yo quería que él fuera lo mejor para ella, pues de no ser así, era mejor que la dejara para que alguien más lo sea; fueron palabras sinceras, sin embargo, para él fueron palabras de alguien que solo era un metiche, un interesado que lo estaba retando. Aquella conversación terminó supuestamente de manera amigable, digo supuestamente porque nos dimos las manos y nos despedimos, pero a partir de ese momento me empezó a odiar y a verme como su rival.

Mientras caminaba de regreso a mi casa, pensaba que este joven no era el hombre que merecía mi amiga, pero que podía cambiar y que quizás como ella lo quería, yo podía ayudarlo a cambiar; en esos momentos esa era mi real intensión. Cuando me reuní con María le conté todo lo que había hablado con su novio, le dije que si ella y él me lo permitían podía ayudarles. Ella aceptó con mucho gusto y muy contenta, esa misma noche habló con su novio, le contó sobre mis planes para ayudarlo a cambiar, a ser un mejor hombre, ella le habló también de mí y de mis intenciones, por lo que se enojó de tal manera que la tomó por el cuello, la haló por el pelo y la maltrató. Le dijo con furia que quién me creía yo, y que tenía 24 horas para decidir si él o yo. Creo enfáticamente que ese fue su gran error, jamás pongas a una persona a elegir entre tú y alguien más, al menos que estés preparado para ser rechazado.

Al día siguiente, su novio junto con uno de sus amigos decidió visitarme para pedirme algo, hasta ese momento yo no sabía nada de lo que había pasado, pues María y yo no nos habíamos visto. Cuando lo vi llegar estaba fuera de la casa hablando con mi mamá, llevaba un pantalón corto, una camisa desabotonada sin mangas y estaba descalzo. Cuando me extendió la mano para saludarme se la apreté fuertemente, también lo hice con su amigo. —Quiero hablar contigo —dijo. —Adelante caballo —le dije. Esto de "caballo" es un término utilizado en los barrios. Nos sentamos en uno de los escalones de una escalera que había a 20 pies de donde mi madre estaba sentada. No sé por qué, pero no lo invité a pasar a la casa de mi mamá, lo atendí allí en esa escalera. El empezó diciéndome: —Mira, yo no quiero tener problemas contigo, anoche hablé con María y le dije que dejara de ser tu amiga. Ahora estoy aquí para pedirte que dejes de ser amigo de María. Yo me sonreí y lo miré fijamente. No sé por qué, pero en ese momento decidí mostrarle quién era yo y de lo que era capaz, luego le dije: —Mira para allá, —señalándole a mi madre, él miró y continúe diciéndole— esa es mi madre, creo que es la persona que más amo en este mundo. Si ella me dice que deje de ser amigo o no de María, me tengo que ir de su casa. Yo tomo mis ropas ahora mismo y me voy de su casa, ¿sabes por qué? —No —dijo él. Entonces argumenté: —Porque no existe una persona en este mundo capaz de hacer que no sea amigo de María y que me aleje de ella. Esa persona es María, ella es la única que puede pedirme esto, pero ni tú ni nadie, ni aun mi madre puede pedirme esto buscando que yo le haga caso. Creo que este es el momento de decirte esto. Por María soy capaz de lo que sea y aquél que le haga daño se las verá conmigo; por María estoy dispuesto a comer "hombre hervido". Fue la primera vez que usé esa expresión. Cuando él escuchó esto, dio un paso atrás, yo me quedé tranquilo, seguro y decidido a todo, entonces me dijo: —Tú eres un "tigre tapado" (queriendo decir que yo no era tan santo como me mostraba y tan de barrio como los demás), —Vámonos —le dijo al amigo con quien andaba y ambos se marcharon.

Ya durante la noche, en el balcón del liceo, hubo una conversación única. María me comentó que quería contarme algo. —Adelante —le dije. —He terminado con mi novio, —me dijo. Me quedé tranquilo y le dije: —Es tu decisión. Ella me respondió: —Entendí que él no era lo mejor para mí, que yo era un pasatiempo para él y que todo era algo sin futuro. Luego dijo algo que me marcó para siempre: —Eres mi mejor amigo y nunca dejaré de ser tu amiga. Le aseguré que así sería: —Siempre seré tu amigo y podrás contar conmigo.

El tiempo pasó. Hacían siete meses de aquella última conversación donde ella me contó que había terminado con su novio. Él encontró otra muchacha, con quien tuvo amores, se mudaron juntos y tuvieron hijos.

Ya habían pasado dos años de aquella noche en el balcón; fue en este tiempo donde nació en mí un nuevo amor, con una loca pasión. Es bueno saber que, durante todo este tiempo de la noche en el balcón, a dos años de amistad, yo no tenía novia, pues mi amiga María llenaba todo mi ser; ella tampoco tuvo novio. Había nacido en mí un amor por ella, igual que aquella amistad durante meses, por eso en las noches cuando visitaba su casa realizaba un soliloquio con Dios, mirando hacia el cielo y le decía: —Es ella, la amo, la quiero y quiero que sea mi novia. ¡Oh cuánto la amo! Quería decírselo, pero desde el principio ella trazó una línea al decirme: —El día que me digas que estás enamorado de mí, ese mismo día terminará nuestra amistad. Como la conocía sabía que lo decía de verdad y que eso pasaría. No obstante, seguí cada tarde buscándola a su casa para juntos irnos al liceo, luego en el recreó estaba en el balcón, después caminábamos hacia mi casa y finalmente hacia la de ella. A ella le encantaba la comida de mi mamá, se comía mi cena y yo la de ella; estando próximo a mi cumpleaños número diecinueve, tomé la decisión final, pues por algunos días pensé qué pasaría si ella se vuelve a enamorar de alguien más. Sabía que yo no podría aguantar, no podía seguir siendo solamente su amigo, tengo que decirle lo que siento, pase lo que pase. Fue así como le conté todo lo que sentía por ella, que estaba dispuesto a ser su esposo y que quería que fuera mi novia, nos casáramos y tuviéramos hijos. —Si tu decisión es no ser mi novia, pues tampoco quiero ser ya más tu amigo, —le dije con el corazón en la boca— no puedo más con esto. Nos despedimos como siempre, al día siguiente me fui con un amigo, quien me invitó a conocer su familia en Valverde, Mao. Fuimos a pasar la Navidad allá. Pasaron tres días e inmediatamente regresé y procuré encontrarme con ella. Llegué a su casa, y al encontrarme con María estaba diferente, bellísima, sonriente, me saludó como nunca, me abrazó y no paraba de hablar. La miraba y miraba, no me preguntó cómo me fue, yo no le pregunté cómo le fue. Empezamos a hablar, como si el tiempo no hubiera pasado, aprovechando lo mejor de estar unidos. Estábamos a dos días del Año Nuevo y le dije: —Quiero que vayamos juntos a esperar el Año Nuevo al malecón y que ese día tú me dés la respuesta, si quieres o no ser mi novia. —Está bien, —dijo ella. Y en eso quedamos.

Llegó el día señalado, esa noche me puse elegante, pero ella estaba radiante, preciosa, hermosa, también era una noche llena de estrellas, con una luna imponente aprobando cada acontecer de una manera clara, así llegamos al malecón, nos sentamos en un banco y empezamos a hablar y a hablar. Pasaron las horas y sin darnos cuentas había llegado la medianoche y el Año Nuevo anunciaba su entrada: 10, 9, 8, 7, 6, 5, 4, 3, 2, 1, 0... ¡Llegó el Año Nuevo! Nos abrazamos y ella me besó por primera vez y me dijo: —Realmente te amo, te quiero mucho, pero como mi amigo y no quiero perderte, no te quiero, no te amo como hombre, pero veremos qué pasa, seré tu novia, pero no se lo digas a nadie, tenemos que esperar a ver qué pasa. No sé con cuáles palabras decirles a ustedes que para mí el cielo se me acercó, el mar se secó, podía tocar las estrellas, podría contar los planetas, era realmente feliz.

Cuando llegué a mi casa, después de haber dejado a María en la suya, abracé a mi madre y le dije: —Mamá, ella es mi novia, me dijo que sí. ¡Es mi novia! Se lo conté a mi amigo Eulogio, a las flores, al sol. Quería que el mundo supiera que aquella joven que conocí en el balcón de las escaleras del liceo secundario Capotillo, en la primera semana de clases, en el primero de la secundaria, en una noche estrellada, con una luna imponente, esa joven ya no era solo mi amiga, ahora era también mi novia, porque esa noche que terminaba y ese día que empezaba anunciando un Año Nuevo, el primero de enero de 1984, fue uno de esos días que formaron mi mejor día... Porque ese día gane a **mi novia, sin perder a mi amiga.**

"EL PODER DEL AMOR"

"EL PODER DEL AMOR"

Amalia, una mujer con más de 20 años de casada con un hombre con el cual tenía mucha afinidad, de su mismo extracto social, su misma religión, profesional, luchador, entre otras cosas más, este fue su primer y único novio, con el cual se casó siendo virgen. Tenían tres hijos adolescentes, una casa propia, buenos negocios y se disfrutaban uno a otro. Ella era profesional, muy educada, de buena familia y de la que había aprendido los principios morales y religiosos. Considerada buena madre según sus hijos, buena hija según sus padres, buena hermana según sus hermanos, buena esposa según su esposo y buena cristiana según sus hermanos en la fe. Una de las cosas que Amalia nunca entendió y que siempre criticó y condenó con todas sus fuerzas, fue la infidelidad de una persona casada y en especial de una mujer. Para ella una mujer que llegara al punto de serle infiel a su esposo, no servía y jamás debería ser perdonada. En caso de que el esposo la perdone, decía ella, entonces debería dejarla y no hablarle más. Si tienen hijos alejarlos de ella, pues quien es infiel una vez lo será siempre. Con este pensar buscaba todas las formas posibles de hacerle ver a los hombres con los cuales compartía en su trabajo de oficina que ella era diferente a todas las mujeres y que debían de respetarla.

Un día Samantha, su mejor amiga, aquella que siempre la escuchaba, le confesó que había engañado a su esposo, con uno de los compañeros de labores, que mientras lo hacía se sentía muy mal, asqueada, aunque fue una muy corta relación de la cual se avergonzaba y estaba muy arrepentida, pues su buen esposo no merecía algo así. Amalia se enfureció en gran manera, su rostro cambió por completo, su amiga le tenía las manos agarradas y ella se soltó bruscamente, le preguntó si su esposo sabía de su infidelidad y Samantha le respondió que sí. Amalia le dijo que ya no podían ser amigas, pues ella no sería amiga de una infiel y mucho menos cómplice de una infidelidad, a lo que Samantha le respondió que eso ya había pasado, que se lo había contado a su esposo, que este la había perdonado y habían renovado su matrimonio; que estaba más enamorada que nunca de su esposo y que jamás volvería a pasar algo como eso, que inclusive, a consecuencia de esto aquel hombre, quien también se arrepintió, había renunciado al trabajo y que por eso ya no laboraba allí. Amalia, mirándola a los ojos y con sus cejas ceñidas le dijo: —De verdad que tienes que admirar a tu esposo, pues yo siendo hombre jamás perdonaría a una mujer infiel, ya que todo el tiempo pensaría que de la misma manera, a lo mejor lo haría con otra persona. Pero yo no soy tu esposo y tampoco me interesa ser tu amiga; de ahora en adelante, por favor, cuando me saludes no me beses ni me abraces y mantengamos una distancia, no sea que mi esposo también sea atraído por ti y venga a ser una víctima más de la maldita infidelidad. Samantha se alejó llorando y lamentando mucho el haberle contando parte de su vida a quien creía era su amiga.

El tiempo paso, Amalia era una maravillosa empleada, por tal razón los dueños de aquella corporación decidieron llevarla a otro nivel, elevándola a la posición de gerente corporativa. Fue en esta posición donde empezó a conocer a hombres y mujeres muy importantes, educados, profesionales y de la alta sociedad, entre ellos estaba Emilio, un hombre de un hablar muy bonito, educado, no tan elegante, pero sí muy atrevido, hablador y decidido. Él había llegado para ocupar la posición de gerente general, así que sería el jefe de Amalia.

Emilio era un hombre casado y así se lo hizo saber a todos y cada uno de sus compañeros de labores; pero estaba claro que no le importaba el ser infiel, por eso un día le envió un ramo de rosas rojas a Amalia con uno de sus asistentes. Cuando ella vio las rosas se dirigió a la oficina de Emilio y allí le hizo saber que ella era una mujer felizmente casada. Emilio la recibió con una sonrisa y le dijo que lo sabía y que era eso, precisamente, lo que la hacía para él tan interesante, luego le ordenó con voz firme que cierre la puerta de la oficina y ella la cerró, cerrada la puerta le dijo: —Desde el primer momento que la vi me enamoré de usted locamente, no es un enamoramiento como para compromiso, es un enamoramiento para hacerla sentir como jamás nadie la ha hecho sentir, entréguese a mí y le haré sentir las pasiones que jamás imaginó y que nunca ha sentido. —¡Cállese, por favor, cállese! Soy una mujer casada y, además, ¿quién le ha dicho a usted que no siento pasión? Él le respondió: —Sus ojos la delatan y declaran cuánto le falta por aprender. A lo que Amalia reaccionó: —Creo que se equivoca. Por favor, déjeme en paz. —Si quiere que la deje en paz vaya y dígale a los jefes que yo la estoy molestando y de seguro me despedirán y de esta manera usted perderá a su más grande y loco admirador. Ella ripostó: —Pues así lo haré.

Amalia estaba decidida a contarle a sus superiores, los dueños de aquella corporación lo que estaba pasando con este hombre atrevido e inmoral. Así que fue a su oficina para pensar cómo decirlo, pero un toque delicado y suave en la puerta de la oficina detuvo sus pensamientos, era el asistente de Emilio. —¿Qué desea? —Solo quiero decirle que Emilio, mi jefe, está locamente enamorado de usted, que jamás le faltará el respeto y que no le hará nada que usted no le pida, así que creo que no tiene nada que decirles a los jefes, solo tiene que pedirle lo que usted quiere y no quiere y así se hará. Emilio es, sobre todo, un caballero y usted una gran dama. Amalia dijo: —Está bien, lo pensaré. Fue así como Amelia jamás comentó nada de aquello que sucedió ni de las demás cosas que pasaron después a sus jefes, ni a su esposo, ni a sus hijos, ni al pastor, mucho menos a algún hermano de la iglesia, puesto que ellos no entenderían y quizás juzgarían mal.

Los días pasaban y Emilio con cada vez más detalles procuraba conquistar a Amelia, cada día le preguntaba cómo estaba, no bien las rosas se marchitaban cuando aparecían otras llevadas por aquel asistente. Un día Amalia le preguntó al asistente: —¿Quién más sabe de esto aquí en la empresa? Le contestó el asistente: —Pues nadie, para todo el personal usted me envía a comprar las rosas y cada cosa que el jefe me envía a comprar o hacer para usted procura que nadie se entere, de hecho, él sabe que yo soy una perfecta tumba. Sin saber el por qué esta información le agradó mucho y después de ese día ella fue más flexible y fue así como empezó aceptar aquellos regalos de comida, masajes, vestido, joyas y muchas palabras de agrado. De repente y como cosa del destino, las situaciones en su hogar empezaron a empeorar, o más bien Amalia empezó a ver aquellas cosas que antes eran cotidianas y agradables, como pesadas y rutinarias. Se dio cuenta que a su esposo casi no le importaba como le fuera en el trabajo, que sus hijos solo se acercaban para pedirle dinero y contarle problemas. Fueron varios los días en la mañana que se daba la misma situación, mientras ella se peleaba con su esposo, las cosas con Emilio estaban cambiando. Él la esperaba con la misma sonrisa, palabras de alago, las flores nuevas y olorosas que siempre estaban allí en su oficina, tarjetas de regalos, una mirada de pasión que recorría todo su cuerpo y un abrazo sí, ya a estas alturas habían abrazos; todos esos halagos se fueron convirtiendo para ella en una fuente de salida de la rutina.

Un viernes, al llegar a su oficina, se dio cuenta que las flores no estaban allí, sin pensarlo mucho se dirigió a la oficina de Emilio y le preguntó dónde estaban sus flores, a lo que le respondió, "hoy la cambié por una cena para mañana sábado". Ella dijo con una suave sonrisa, "no creo que eso sea posible". A lo que Emilio le respondió, "pues yo creo que sí será posible, te enviaré con mi asistente, adonde será la cena, allí te esperaré toda la noche de mañana, te aseguro que cuando veas dónde es aceptarás, pues es un lugar muy acogedor, privado y exquisito, digno de una reina como tú. Encima de tu escritorio hay un sobre con la dirección del lugar, tú y yo lo sabemos y nadie más tiene que enterarse, así que busca el sobre y nos veremos allá a las siete de la noche". Amalia se dirigió a su oficina, entró y cerró la puerta, tomó el sobre y lo abrió; dentro del cual había una llave tipo tarjeta de la habitación de un hotel, el nombre del hotel y una nota que decía: "Como soy un hombre casado y usted una mujer casada se vería muy mal que nos vieran cenando en un restaurant, por eso quiero invitarla a cenar, sentado en el piso, hablar un rato y luego nos iremos cada uno a su casa, te aseguro que será una experiencia única para ambos". En la nota estaba señalado el número de la habitación y cómo ella entraría al hotel sin que hubiera la mínima sospecha. Después de leer, tomó el papel, la llave de la habitación del hotel, lo entró de nuevo en el sobre y sin saber el por qué lo guardó en su bolso. Por su cuerpo empezó a correr una fuerte adrenalina mientras pensaba cómo sería cenar en el piso de la habitación de un hotel, con un hombre que no era su esposo: "Estoy loca, no debería ni siquiera pensarlo". A la hora del almuerzo estaban todos menos Emilio, él se había retirado mucho antes del almuerzo; aunque Amalia pensó entregarle el sobre al asistente de Emilio no lo hizo, se quedó con el sobre y se lo llevó. Al llegar a su casa, como cada viernes, la trabajadora que le hacia los quehaceres de la casa se retiraba después de hacerle el almuerzo, así que se encontró con lo de siempre, tenía que fregar los platos, hacer la cena, ordenar el desorden hecho por sus hijos; pero lo que cada viernes era normal, esa noche le parecía un desastre e injusto. La noche no podía ser peor, pero lo fue, cuando sirvió la cena, el agradecimiento que recibió fue que a casi nadie le gustó la cena y su esposo comentó que le había quedado un poco salada. Ella le replicó que debían ser más agradecidos y aprender a hacer la cena para ver cómo les queda a ellos. "Bueno pues, a mí no me gustó y ordené pizza", dijo el esposo. Todos menos ella, comieron de la pizza.

Todos los sábados, ella era la primera en levantarse para preparar el desayuno y despertaba a todos, porque ese día la familia desayunaba junta, lavaban los carros juntos, limpiaban la casa, almorzaban juntos, dormían en la tarde y en la noche se iban todos juntos a una actividad especial para jóvenes que se hacía en la iglesia; pero ese sábado no fue así, ella se levantó muy tarde, así que cada uno desayunó aparte. Ella dijo que prefería llevar su carro a lavar y que no tenía deseo de limpiar la casa. Aunque encontraron un poco rara su actitud no le hicieron mucho caso y la rutina continuó; mientras los demás miembros de la familia hacían sus cosas de los sábados, ella estuvo recibiendo mensajes de Emilio, en los cuales le indicaba el tipo de cena que tendría, lo especial que sería para él poder compartir con ella y que estaría esperándola a las siete en punto, pero que estaría allí desde las seis para cuando ella llegue todo esté listo. También le aseguró que no pasaría nada que ella no quisiera, "por favor, no me respondas, llegas, tu esclavo te espera para servirte mi reina", fue el último mensaje que le escribió. Después de leer cada mensaje Amalia empezó a sentirse un poco rara, inquieta y con mucha curiosidad de lo que podría ser esa cena con Emilio; recordaba cada regalo, cada palabra, cada insinuación y como la había invitado a una cena y en el piso: "¿Pero de qué manera podría yo ir?". Se preguntaba una y otra vez. Hasta que se le ocurrió una idea, llamó a una sobrina y le dijo que la llamara a las tres en punto de la tarde y que le siguiera el juego, pero que la llamara con el número en privado; a las tres de la tarde en punto la llamó la sobrina, Amalia procuró que estuvieran todos lo más cerca posible de ella, especialmente su esposo cuando recibió la llamada y de esta manera empezó la falsa: "Buenas tardes, se me olvidó por completo, es que hoy vamos a la reunión de jóvenes de la iglesia, si lo sé, claro que sí allí estaré, a las siete me dijo, no se preocupe, allí estaré", y cerró la llamada. "¿quién era?" Le preguntó el esposo; ella le respondió: "Era el gerente general de la compañía recordándome una reunión que tengo hoy con un cliente muy importante a las siete en punto, pero es una reunión breve, es para mostrarle una cotización y motivarle, según los dueños soy la más indicada para este cliente, ya había aceptado, pero en realidad se me había olvidado por completo, así que nos veremos en la iglesia después de la reunión con este cliente". El esposo le dijo: "Está bien", sin más nada. Ella se sintió aliviada, como si hubiera ganado algo y el plan continuó.

Mientras se ponía el vestido para salir, su cuerpo se electrizaba por dentro, sudando por fuera, hasta el punto de bañarse una segunda vez, no encontraba qué ropa ponerse, estaba muy nerviosa; pensó cancelar aquello, pero la intriga de saber cómo sería el estar allí, la seguridad de que no pasaría nada y de que sería una cena y nada más, cambiaban su pensar y continuaban con aquella falsa. Ya por fin con el vestido puesto, habiendo salido todos los demás, decidió partir a su cena especial y sin saber por qué, puso en su bolso una segunda vestimenta. Estando en el parqueo del hotel, se quitó su anillo de casada, se puso lentes oscuros y se dirigió a la habitación señalada. Al llegar a la habitación metió rápido la llave en la puerta y esta se abrió, justamente al pasar la puerta, Emilio la esperó en sus brazos, la beso apasionadamente, ella empezó a responder aquel beso, que continuó con caricias y poco a poco Emilio le quitó toda la ropa; ya desnuda empezó a besarla por todas y cada una de las partes de su cuerpo, ella temblaba por completo, la adrenalina corría por su cuerpo produciéndole un placer que le hizo perder el miedo y olvidarse por completo de sus posiciones, de quién era, dónde estaba, con quién estaba, ella solo quería disfrutar y seguir sintiendo placer. Emilio continuó con caricias, besos, palabras de amor que la llevaron al punto máximo del placer y la entrega total. Los dos terminaron muy satisfechos y cansados; luego que la euforia pasó, poco a poco la realidad fue asumiendo su cabeza y Amalia exclamó: —¡Qué he hecho! ¡Oh Dios mío, qué he hecho! Y él le dijo: —Déjame hacerte sentir lo que nunca habías sentido. Ella empezó a llorar, mientras la consolaba y le decía palabras bonitas y la besaba y de nuevo volvieron al principio, esta vez ella estaba más consciente, más tranquila y hasta lo disfrutó mucho más. Luego cenaron ambos desnudos. Él era el segundo hombre que la había visto desnuda y con quien había tenido sexo, pero la diferencia de este con el otro hombre, era que el otro era su esposo. Tras la cena, ella se bañó como nunca lo había hecho, pues mientras se bañaba se sentía asqueada y quería con agua caliente y mucho jabón quitarse la impureza que sentía tener en todo su cuerpo. Al despedirse, le entregó la llave de la habitación y le dijo jamás esto sucederá de nuevo, a lo que él le respondió: —No en este mismo lugar, sino en otro, pues a partir de ahora tú serás mi amante preferida y desearás estar conmigo. —No lo creo —dijo ella y se fue.

Mientras caminaba por el pasillo del hotel sentía que se moría, por fin llegó a su auto y fue allí cuando vio la hora que era, las diez y cuarenta cinco minutos. —¿Qué le diré a mi esposo y a mis hijos? Fue lo primero que pensó, luego llamó a su sobrina; quien era una joven estudiante que vivía sola en un apartamento. Ella le dijo a su sobrina que se le hizo tarde en una reunión y que le dirá a su esposo y a sus hijos que estaban juntas. Su sobrina le dijo que sí, que desde qué hora a qué hora quería que digiera que estaban juntas. Entonces ella le expresó desde casi las nueve, hasta las once de la noche. "Está bien, así será", le respondió la sobrina. Amalia encendió su vehículo y se dirigió a su casa. Cuando llegó a su casa sus hijos y su esposo estaban viendo televisión. "¿Cómo te fue?", le preguntó uno de sus hijos. A lo que respondió: "Muy bien, pero estoy muy cansada y me iré acostar". Fue a su habitación, se quitó la ropa de prisa, la echó toda en una bolsa plástica negra, se bañó de prisa, se acostó y respiró profundo diciendo, "todo estará bien" y después se durmió.

A la mañana se despertó muy temprano, hizo desayuno y empezó a despertar a los demás, mientras estaban desayunando ella observaba a su esposo y a sus hijos. Le daba gracias a Dios por la familia que tenía y le pedía perdón por el error que había cometido, la noche anterior. De camino a la iglesia casi todos notaron que ella no hablaba, que estaba muy callada, en varias ocasiones le hablaban y Amalia no respondía y no era para menos, pues estaba pensando en lo que pasaría si sus hijos y su esposo se dieran cuenta de lo que había hecho, "pero esto nunca pasará", se repetía una y otra vez. Esto era como una forma de hundir aquel suceso en lo más profundo de su ser y que por nada en el mundo llegara a saberse, pues sería una noticia que causaría muchas heridas.

Ya en la iglesia, empezó la adoración y ella al igual que las demás personas, cantaban las canciones, pero de sus ojos salían lágrimas y en su mente solo repetía una y otra vez, "Señor perdóname, jamás lo volveré hacer", así se pasó todo aquel tiempo en la iglesia. De camino a la casa estuvo muy callada, también en el restaurante donde comieron, apenas decía sí o no; por esa razón, al llegar a la casa y entrar en su habitación su esposo le preguntó qué le pasaba y ella rápidamente dijo: "Nada, ¿por qué?". Él le dijo: "Porque estás muy rara". A lo que susurró. "No me pasa nada, todo está bien". En la noche su esposo quiso tener relaciones sexuales con ella, pero Amalia le dijo que estaba muy cansada que sería después, sin embargo, él como siempre insistió y ella asedio, esta vez no fue igual a las demás veces por lo menos para ella, aunque fingió el placer como otras veces, al final se sintió muy vacía y pensando en aquella relación prohibida, pero que todavía le hacía estremecer todo el cuerpo. Era algo a un sabor agridulce, más dulce que agrio a pesar de todo. En cambio, el esposo, al igual que en otras ocasiones, por no mencionar que casi siempre, se sintió complacido, pero criticando la poca experiencia de ella y alabando sus cualidades de macho y hombre experimentado. Y no era para menos, pues fue su primer y único pretendido, cuando ella no tuvo experiencia previa, mientras él había tenido varias con otras novias y mujeres; desde el primer día se lo hizo saber y le enseñó que en la relación sexual él siempre sería más potente que ella, puesto que se mostraba insaciable y macho, en tanto Amalia, sin experiencia, se tenía que quedar igual. A menudo, en su afán de hombre se olvidaba de ella, en cada relación terminaba muy complacido y casi nunca procuró saber cómo se sentía Amalia. Esa noche, a diferencia de las demás, ella había notado el vacío que quedaba en su interior después de cada relación, sin pretenderlo y de manera muy inconsciente hizo una comparación y determinó que lo que experimentó con Emilio jamás lo había sentido, fue un placer ligado a una inmensa y muy profunda adrenalina que mezclaba lo prohibido con el placer. Entonces respiró y dijo: "Tenía que pasar, era la única manera de darme cuenta de que realmente no soy tan mala como mi esposo dice, pero ¿qué pasaría si realmente soy tan mala en la relación sexual? Tengo que preguntarle a Emilio, él me dirá la verdad, quiero saber cómo se sintió y qué piensa de mí".

Llegó el lunes, cada miembro de la familia se preparaba para salir a sus diferentes compromisos, los hijos para sus estudios, el esposo para su trabajo y ella para el suyo. Como era de costumbre, los lunes su esposo llevaba los hijos al colegio; ese día cuando llegó a su trabajo Amalia encontró todo diferente, aunque estaba igual. Ella veía cada detalle y de una forma u otra todo le parecía distinto, al llegar a su oficina encontró un gran arreglo floral con un pequeño sobre. Para ella eran las flores más hermosas que había visto. Tomó el sobre, lo abrió y encontró una nota que decía: "Muchas gracias por una noche única y muy especial; de tu amante incondicional". Cuando leyó aquella nota su cuerpo se erizó y por sus venas corrió un cúmulo de adrenalina, pasión, deseos y culpa; pero volvió en sí y pensó: "Esto tiene que acabar ahora, hoy mismo". Se dirigió a la oficina de Emilio, entró, cerró la puerta y le dijo: "Tenemos que hablar". Emilio le respondió: "Usted dirá, distinguida señora". Amalia reaccionó: "Quiero que esto se detenga ahora". Él se puso el dedo índice en la boca en señal de que no siguiera hablando; "en la empresa solo se habla de negocios, las cosas personales se tratan afuera y sin que nadie tenga que enterarse", finalizó diciéndole, luego continuó; "el jueves podemos salir antes del cierre de la empresa y reunirnos a conversar las cosas personales, así que tenemos una cita para este jueves a las cinco en punto, el lugar está detrás de la tarjeta que te dejó el Anónimo en tu oficina, sino tienes más nada que decirme en relación al trabajo por favor, puedes retirarte". Ella se retiró a su oficina. Ya en su oficina tomó aquella tarjeta y sin leer la nota que estaba detrás la rompió y tiro los pedazos en el zafacón. Aunque trató de concentrarse, pero casi no pudo hacerlo durante todo el día, al final de la tarde llamó a Emilio y le dijo que tenían que hablar, él le respondió que si no era de trabajo lo tratarían el jueves, pero qué si era una emergencia, podían verse después del trabajo en el mismo lugar y habitación donde se vieron el sábado. Ella le respondió que estaba bien, que sería para hablar y finalizar todo este asunto. "Mejor no, —respondió Emilio— lo trataremos el jueves en el lugar que te puse detrás de la tarjeta que estaba en las flores, la llave de la habitación de ese lugar está en medio de las flores". Ella buscó de prisa en medio de las flores y allí estaba una llave de habitación, luego sacó la basura del zafacón y pegó cada pedazo de la tarjeta hasta reconstruirla, cuando leyó en el reverso decía: "Un lugar muy especial para conversar con mi amante, sí, conversar y cenar, al menos que ella como reina pida algo más". Luego siguió leyendo y cuando vio el lugar suspiró, abrió los ojos, se acarició el pelo y murmuró diciendo: "Sí, solo conversar". Enojada, sin saber con quién, llamó a Emilio y le dijo: "No puedo esperar, tenemos que conversar hoy". De inmediato, él respondió: "Como tú digas, mi reina, déjame llamar y reservar para conversar".

Cuando ella llegó a la habitación de aquel lugar, abrió la puerta rápidamente, pero esta vez, fue diferente, ya que él estaba sentado en una de las sillas de una mesa de lujo que había en la habitación. La miró y le sonrió. Ella se sentó en la mesa y empezó la conversación como si estuviera alterada, confundida. Amalia empezó a decirle "soy una mujer casada, creyente, tengo una familia, un esposo que lo amo, voy a la iglesia, solo quiero pedirte que me dejes en paz y que no me moleste más. Emilio se quedó callado por dos minutos, se paró de la silla, se dirigió a la puerta, la abrió y se fue. Ella se quedó muy sorprendida, esperó por más de 40 minutos, lo llamó, pero no respondió las llamadas, aunque estaba dispuesta a esperar e insistir más. Luego miró el reloj y se retiró también. Al llegar a su casa su esposo y sus hijos le preguntaron por qué estaba su rostro enlutado, es decir, enojada, "¿quién se murió?", le preguntó uno de sus hijos. "Nadie —respondió ella— solo he tenido un día pesado".

Al día siguiente al llegar al trabajo notó que no estaban las flores y sintió mucha tristeza. Luego fue a la oficina de Emilio, pero no estaba allí. Cuando preguntó por él, le dijeron que se había tomado el día libre por un dolor en su corazón. Amalia lo llamó y llamó, pero él no respondió. La tristeza, la decepción y un deseo de ver a Emilio la embargaron todo aquel día. Al día siguiente, pasó lo mismo, las flores no estaban y Emilio se tomó otro día libre por la misma razón. Fue tanta su desesperación que llamó al asistente de Emilio y le dijo que si lo veía le dijera que la llame. "Está bien, así lo haré". Durante esos dos días Amalia casi no pudo dormir, ni comer, aunque estuvo con sus hijos y su esposo, se mantuvo ausente y pensativa.

El jueves en la mañana, como cosa del destino, se despertó tarde, por eso sus hijos y su esposo salieron primero que ella y no vieron qué ropa llevaba puesta. Cuando llegó a su trabajo y entró a su oficina había dos arreglos florales. Sus ojos brillaron, su corazón palpitó de prisa y aquella adrenalina volvió a correr por su cuerpo. Emilio susurró, en medio de una de las flores había un sobre con una tarjeta escrita que decía: "¿Me extrañaste?, que bueno, yo también, pero por fin llegó nuestro día, nos reuniremos en el último lugar, pero esta vez no es para conversar, será a las siete en punto, yo me iré a las cuatro de la tarde para ir a mi casa y ponerme hermoso para ti, así que estaré en el lugar desde las seis en punto, hoy quiero que experimentes un placer mucho mayor que la última vez; quiero que tú también vayas a tu casa y te pongas hermosa para mí, sobre todo una ropa interior provocativa y muy sensual; la llave de la habitación del hotel está en medio del otro arreglo floral, estoy deseando apasionadamente este encuentro, mi reina y amante. Atentamente, tu amante sin condición". Amalia tomó aquella llave de la habitación del hotel y la apretó fuertemente sobre su pecho, lo que sintió al hacer esto fue una corriente eléctrica que corrió por todo su cuerpo, su imaginación corrió, se quedó paralizada con los ojos cerrados e imaginando. De pronto, soltó aquella llave de habitación de hotel: "¿Qué estoy haciendo?", se cuestionó a sí misma, "esto no debe seguir, tengo que pararlo ya". Pero luego miró para todos los lados como si estuviera asegurándose que nadie escuchó y que tampoco la veían, "qué más da, iré y nada pasará", pensó.

Es bueno aclarar que para todos y cada uno de sus compañeros de trabajo estas flores que recibía Amalia eran enviadas por clientes agradecidos del servicio profesional que ella les brindaba; pues decía ser una mujer creyente, pulcra, que amaba a sus hijos y a su esposo, quien fuera su primer y único novio. Sobre todo, ella se consideraba una mujer "fiel" que odiaba la infidelidad; así que nadie en la compañía sospechaba que se trataba de Emilio; es verdad que, aunque todos sabían que Emilio era un hombre casado, con hijos y mujeriego, jamás sospecharon que se podía dar algo entre un hombre con muy poca vergüenza y Amalia, una mujer con tanta vergüenza y apariencia de pureza.

Amalia llegó a su casa más temprano que nunca, ni sus hijos, ni su esposo estaban allí, solo la trabajadora de la casa. "Buenas tardes, señora Amalia", le dijo la trabajadora. "Buenas tardes", le respondió y se metió en su habitación. La trabajadora de la casa le tocó la puerta y le preguntó si le preparaba algo para la cena. "Para mí no, tengo que salir de nuevo". "Está bien, así será señora", obedeció la trabajadora. Amalia se puso varios vestidos antes de elegir el que llevaría puesto. Tomó uno de sus más preciosos vestidos, ropa interior nueva que tenía guardada, también entró ropa interior, una falda y una blusa en su bolso, luego salió, casi a escondidas, pues buscó todas las formas para que la trabajadora del hogar no la viera y así fue. Caminó muy deprisa hacia su auto, lo encendió y se fue; de camino llamó a la trabajadora de la casa y le dijo que si su esposo o sus hijos preguntaban por ella, le dijera que llegó pero que salió porque su sobrina la llamó. Solo si preguntaban por ella, de lo contrario no tenía que decir nada. "Está bien, señora, así lo haré", afirmó la del servicio. Luego llamó a su sobrina: "¿Cómo estás mi sobrina favorita?" "Muy bien, aquí tranquila en la casa", repuso la joven. "Qué bueno, quiero pedirte un favor". Muy atenta la sobrina dijo: "Usted dirá, tía". "Voy camino a una reunión de improviso con un cliente muy importante, por favor, si mis hijos o mi esposo te llaman, no le respondas, pues le dije a la trabajadora de la casa que estaría reunida contigo, no quería decirle lo del cliente, tú sabes cómo son las trabajadoras, cuando viene a ver piensan que uno gana mucho dinero y piden un aumento". La sobrina adujo: "No se preocupe tía yo entiendo perfectamente, me llama cuando termine su reunión y si quiere pasar y conversamos un rato". "Perfecto te llamaré cuando termine la reunión", y Amalia continuó camino a su encuentro sintiéndose más segura.

A eso de las seis y diez minutos, Amalia llegó al hotel, se estacionó, se quitó el anillo de boda, se miró al espejo, respiró profundo, se puso unos lentes oscuros, salió del auto y caminó por el pasillo del hotel. Llegó a la habitación, la abrió y allí estaba esperándola Emilio, quien la abrazó, la besó apasionadamente, la acarició y luego le preguntó: —¿Quieres cenar? —No. Quiero que me hagas el amor cuantas veces quieras. Entonces Emilio le dijo: —Primero quiero verte, más bien observarte por completo. Mientras la acariciaba le quitó el vestido, vio su ropa interior, le dijo que estaba deseada, luego, todo lo demás fue pura pasión. Amalia experimentó un placer indecible. —Más, solo quiero más, —le decía a Emilio, después de más de dos horas, terminaron ambos cansados y muy complacidos. Ella se quedó pensando por un momento: —Me tengo que ir —le dijo. —Vamos a cenar primero —le respondió él—; ven aquí, así desnudas como estás y cenemos juntos. Cenaron desnudos y luego ella se duchó, se puso la ropa interior, la falda y la blusa que llevaba en su bolso, cuando la vio le dijo que ella parecía una experta y que eso le gustó mucho. Se besaron de nuevo y ella le entregó la llave de la habitación, pero él no la tomó, sino que le dijo que se quedara con ella para el próximo jueves. —No habrá próximo jueves —le respondió ella. —Mira, quédate con la llave hasta el martes y si no quieres seguir siendo mi amante, pues me la entregas el miércoles a primera hora, —le dijo él. —Está bien, —dijo ella y se fue.

Siendo las nueve y cincuenta y cinco llamó a la sobrina para ver si sus hijos o esposo la llamaron. La sobrina le dijo que no, que nadie había llamado. Ella sintió un gran respiro y le dijo a la sobrina que si cualquier cosa recordara que estuvieron juntas desde las seis de la tarde hasta más o menos las diez de la noche. —Está bien tía, usted tranquila con eso, ¿viene para acá? —Le preguntó la sobrina. —No, mejor me voy directamente a la casa. —Está bien, nos veremos después. —Así será. Amalia seguido caminó a su casa, pero se detuvo, tomó el vestido y la ropa interior que había usado anteriormente con Emilio y los botó en un zafacón de basura. Al llegar a la casa, su esposo la esperaba en la sala, como cosa del destino, Amalia notó que la abrazó, la besó y le preguntó: —¿Cómo te fue en tu largo día? Esto no lo hacía siempre, pero sí lo hacía cuando quería tener relaciones sexuales con ella. —Muy bien, —respondió ella. —Bueno, me voy a bañar y te espero en la cama —le dijo él. Mientras ella fue a su habitación, entró al baño e hizo como que se duchó sin hacerlo. Luego se puso su bata de dormir y se acostó junto a su esposo. Él le hizo el amor una y otra vez. Ella durante casi todo el acto sexual fingió pasión, cuando recordaba su tiempo con Emilio sentía pasión y placer. Su esposo en cambio terminó muy complacido: —Amalia mi amor, hoy has estado increíble —le dijo y luego se durmió. Ella se quedó despierta pensando en todo lo que había pasado, pidiéndole perdón a Dios y diciéndose a sí misma, asegurándose, prometiéndose que jamás volvería a suceder. Con todo esto en mente, Amalia finalmente se durmió.

A partir de ese jueves la vida de Amalia cambió por completo, pues cada jueves se reunía con Emilio en el mismo lugar y a la misma hora; ya tener sexo con él era una necesidad para ella. Como se apoyaba en su sobrina y esta nunca le preguntó nada, decidió contarle lo que le estaba pasando. Más que buscar una orientación ella buscaba una cómplice y así fue. Cuando le contó a su sobrina lo que estaba haciendo, su sobrina la apoyó sin ninguna condición, justificando sus hechos y asegurándole que lo que hacía era porque su esposo la llevó a eso, diciéndole que ella era una buena mujer y que le diera rienda suelta a su corazón. Esto fue lo que la motivó a pedirle a su sobrina un sábado que le prestara su apartamento para estar con Emilio. Así que ya no era solo los jueves, sino también los sábados, en una ocasión lo hicieron en la oficina. Una noche, de manera intencional, provocaron quedarse hasta que se marchó todo el personal; cada vez más Amalia quería estar con Emilio. Para recompensar a su familia, empezó a darle dinero extra a sus hijos, no se le negaba a su esposo, aunque ella misma consideraba que con su esposo se prostituía, pues no sentía ya nada por él. Una noche mientras estaba con Emilio le hizo una propuesta: —Emilio, deja a tu esposa, divórciate y yo dejaré a mi esposo me divorciaré y casémonos, de esta manera no tendremos que vernos a escondidas, sino que estaremos juntos. Él empezó a reír como si se tratara de un chiste y luego le dijo: —Estás loca, jamás me divorciaré de mi esposa, ni dejaré a mis hijos. Yo no quiero casarme contigo, quiero que seas mi amante favorita, tú debes mantenerte como la señora que eres, el hacer esto contigo como lo hacemos, es lo que hace de esta relación algo realmente interesante para mí. Ella reaccionó: —Jamás pienses eso; pues yo no puedo ni quiero continuar así, esto me está matando. Te quiero mucho pero no debo seguir con esto, no está bien. —Bueno, pues yo sí quiero continuar con esto, —dijo él— y te estaré esperando todos los jueves, si durante la semana tengo ganas de estar contigo, te lo haré saber y cuantas veces quiera te dejaré saber, el día que tú no vengas se terminará todo y jamás te volveré a hablar y haré todo lo que esté a mi alcance para que me trasladen a otro lugar diferente, para no estar contigo, pero sabes que, —continuo diciendo Emilio— tú siempre vendrás, porque quieres, te gusta, te apasiona, te llena, te da miedo, te sientes única, especial y amada. Entonces empezó a besarla, acariciarla y ella se entregó de nuevo; luego se despidieron como lo hacían de costumbre y cada cual por su lado.

El tiempo pasó y la relación con Emilio continuó cada vez más intensa, ya no era ni jueves, ni sábado, sino cuando Emilio quería, en ocasiones ella lo llamaba para decirle que quería salir y él contestaba que no sería posible, pero cuando le decía un lugar y hora, ella hacía lo que fuera por estar allí, hasta el punto que ya era Amalia quien lo esperaba, compraba ropa interior especialmente para estar con él. Había creado una especie de plan perfecto con su sobrina, de esta manera pensaba que nunca se sabría nada. Como una forma de justificación y aceptación, en caso de que se supiera algún día, Amalia empezó apoyar a sus hijos en todo lo que les pedían, aun fuera algo malo o no tan bueno, les daba dinero, les permitía salir donde quisieran; cuando su esposo le negaba algo a ellos, entonces ella se lo daba a espalda de él.

De esa manera descalificaba a su esposo y se ganaba el apoyo de sus hijos. Como empezó a negársele a su esposo, cuando este quería tener relación sexual, alegando dolores de espalda, su esposo se mantenía mal humorado, por eso en casi todas las ocasiones que se planificaba un tiempo en familia, ir al cine, visitar algún familiar, él prefería quedarse viendo la televisión o se iba con algún amigo, situación que ella aprovechaba para estar con sus hijos, seguir descalificando a su esposo diciendo que estaba muy cambiado, raro, que ella en cambio trabajaba mucho y aun estando muy cansada preferiría estar con ellos.

La comunicación entre su esposo y ella se fue empeorando, las discusiones eran el pan de cada día. Aquel hogar que un día gozó de una buena relación, respeto, amor, armonía, prosperidad, se estaba desmoronando, pero para Amalia, estos eran sus mejores días. Ya habían pasado dos años y ocho meses desde que empezó su relación de amante con Emilio. El corazón de ella estaba apegado, se sentía amada, deseada, apasionada, entendía que él la amaba y que un día dejaría a su esposa por ella. Era tanta su locura de amor o pasión, que se había olvidado por completo de sus principios personales, morales y religiosos, pensaba en sí misma, su propia satisfacción, no le importaba si se destruía un hogar o dos. Ella veía todo aquello como algo del destino; por eso planificó hacerse una operación de los senos, liposucción en todo su cuerpo y arreglarse un poco la cara, pero cuando le planteó esto a su esposo, este le indicó que para él, ella estaba bien así, que, en vez de cambiar, debería volver a ser quien antes era, la mujer de la que se enamoró; muy diferente a la respuesta que le dio Emilio, quien le dijo que ella podía hacer todo lo que entendiera que debía hacer para verse mejor, pues la apoyaba. Ella también contaba con el apoyo de sus hijos, quienes inocentes de todo y por la complacencia que su madre les daba, la apoyaron para hacerse esta renovación total. Fue así como Amalia preparó todo para su transformación, buscó una buena clínica que contaba con los mejores doctores del país, expertos en operaciones estéticas, liposucciones, nutricionistas, orientadores, naturistas y todo lo que necesitaría para que no hubiera ningún inconveniente. Fue así como Amalia, en una de sus vacaciones, se internó en aquella clínica para hacerse varias operaciones y tratamientos estéticos. Llegó a la clínica un miércoles en la tarde, la prepararon para ser intervenida a primera hora de la mañana, su hijos, su esposo y su sobrina estuvieron allí durante toda la tarde y parte de la noche, como habían enfermeras para el cuidado de las personas que estaban internas, todos se marcharon para regresar al día siguiente; pero antes de marcharse, su esposo tomó la decisión de pedirle a Dios para que cuidara de su esposa. Junto con sus hijos y su sobrina, oraron a Dios para que usara a los doctores y que antes, durante y después de la operación Amalia fuera realmente transformada y sea aquella mujer que él conoció, que pedía para que ella fuera una mejor esposa, madre, cristiana y, sobre todo, un mejor ser humano. Luego de orar, todos se despidieron con besos y abrazos. Ya estando a solas, Amalia pensó en cada una de estas palabras, en todo lo que había pasado, lo que tenía, cómo era su vida antes de enredarse con Emilio, cómo había corrompido a sus hijos, ignorado a su esposo, el entregarse a las pasiones con un hombre casado y que en varias ocasiones le había dicho que ella era una buena amante. También meditó en sus conceptos en relación a los infieles, ¡qué tan bajo había caído!, pues era verdad que todavía seguía siendo la señora, pero también era la amante y más que una amante. Fue en ese soliloquio con su conciencia, cuando sintió que el mundo se le derrumbaba. Lloró amargamente, pidió perdón, tenía deseo de hablar con alguien, pero no sabía con quién, pues pensaba, "¿a quién podré contarle todo esto y que me pudiera entender y ayudar? Me siento perdida, ¡cuán diferente es estar en el fuego, que ver al que está! Ahora puedo entender mejor, pues la que está en el fuego soy yo. ¡Oh Dios mío, cómo salgo de esta!", exclamó. Con estos pensamientos finalmente se durmió.

Al día siguiente, al despertar, se encontró con la sonrisa de su esposo: —¿Cómo estás mi princesa? —Muy bien —dijo ella— ¿y tú? —También estoy bien, tomé unos días en el trabajo para estar contigo. —Muchas gracias —dijo Amalia. Luego llegaron las enfermeras y le indicaron que debía ducharse, ya que la prepararían para los procedimientos. Fue en medio de aquellos procedimientos que Amalia sufrió un ataque al corazón, estuvo a punto de casi morirse, pero los doctores hicieron todo para salvarle la vida. De acuerdo al criterio de los médicos, ella se salvó de milagro, pues cuando le dio el infarto ellos estaban terminando y pensaron lo peor. Luego fue llevada a cuidados intensivos y allí duró todo aquel día y la noche. Solo su esposo la acompañó. Después de dos días de la operación le dieron de alta para terminar su recuperación en su casa, pero con las recomendaciones de que necesitarían de alguien que estuviera pendiente de ella, al menos durante dos semanas, siendo la primera semana la más importante. Su esposo se ofreció al cuidado durante ese tiempo. Ya en la casa Amalia no podía hacer ninguna de sus necesidades fisiológicas sin la ayuda de su esposo. Los medicamentos tenían diferentes horarios que incluían la madrugada, siempre a tiempo su esposo estaba allí para que no tuviera que sufrir dolor alguno. En muchas ocasiones ella lloraba cuando él la bañaba, la alimentaba, la medicaba con aquel cuidado y precisión de horas. Él le preguntaba que si lloraba porque le dolía y ella contestaba que sí que le dolía mucho, pero nunca le confesó que su dolor no era del cuerpo, sino del corazón, al ver el cuidado especial de su esposo hacia su esposa y el pensar que todo lo que ella había hecho era para dejarlo; si no fuera porque Emilio se negó, estuviera divorciada más de un año atrás. Sin embargo, con el cuidado de su esposo, el efecto de los medicamentos y llevando acabo cada indicación de los doctores Amalia pronto se recuperó. Ahora parecía una mujer diferente, renovada, rejuvenecida, estaba más hermosa que nunca, por lo menos así se veía por fuera.

Al parecer esta renovación también se dio por dentro, pues desde aquella noche hasta ese momento ella no se había acordado de Emilio. Ahora que estaba totalmente recuperada, después de mucho meditar, pensar y analizar las consecuencias y dispuesta a enfrentar cualquier reacción, Amalia tomó la decisión de hablar con su esposo y contarle todo. Fue así como un día, estando sola con su esposo en la casa, juntos en la habitación, empezó preguntándole que si la amaba. Él respondió que, con todo el corazón, jamás lo dudara y que pasara lo que pasara, jamás le haría daño ni a ella ni a sus hijos. Ella empezó a llorar y con palabras entrecortadas, le decía: —Perdóname, por favor, perdóname te fallé, te engañé, te he sido infiel por más de dos años. Así, con amargura de corazón le contó todo lo que había pasado, que estuvo con otro hombre, que todo lo que se hizo era para agradar a ese hombre, que no puede explicar cómo pasó, pero que estuvo dispuesta a todo con tal de mantener esa relación. Su esposo la escuchó sin decir palabras, mirándola fijamente y con lágrimas en sus ojos. Ella continuó diciendo: —No merezco tu perdón, pero si me perdonas tendrás la mujer que nunca tuviste, seré tu esclava si lo deseas, si no me puedes perdonar también lo entenderé y aceptaré cualquiera que sea tú decisión con los hijos y conmigo. Siguió llorando mientras su esposo estaba tranquilo, observando y luego le dijo: —Antes de responderte quiero hacerte una pregunta: ¿qué harás con Emilio? —¡Emilio! —Respondió ella muy sorprendida. —Sí, Emilio, —recalcó de nuevo el esposo. —¿Acaso tú sabes de Emilio? —Le preguntó ella con cara de asombro. —Respóndeme la pregunta, ¿qué piensas hacer con Emilio? —Insistió el esposo. Entonces ella suspiró y luego fue a una de las gavetas del tocador, sacó una hoja de papel y se la entregó a su esposo diciéndole: —Todo lo que haré con Emilio está en esa carta. Le explico lo arrepentida que estoy de lo que hice, lo ignorante que fui al confundir pasión con amor, hasta el punto de estar dispuesta a perder todo lo bueno que tenía, cambiando mucho por muy poco o casi nada, que después de orar y pedirle perdón a Dios, recibir el perdón, evaluar el amor que me tiene mi esposo y mis hijos, la *koinonia* con los hermanos en la fe y el calor de mi hogar, he llegado a la conclusión de que soy uno de los seres humanos más malagradecido de Dios, de la vida misma y de todos los seres maravillosos que me han amado a pesar de que, antes de entregarle esa carta, le he contado todo a mi esposo, buscando su perdón, que también le pido perdón a él y le ruego que jamás de los jamases se acerque a mí, que entiendo que soy la peor persona que ha conocido, pues en vez de llevarlo a tener una cercanía con Dios y con su familia, él me llevó, —porque así lo quise— a una cercanía con el mismo infierno y a una separación total de mi familia. También le digo que con esto no busco para nada exonerarme de culpa alguna, al contrario, en todo y por todo me declaro culpable; pero todavía no he terminado la carta, —le siguió diciendo a su esposo— pues aquí estoy frente a ti esperando tu respuesta y de nuevo te pido, te ruego con todo mi corazón que me perdones.

Después de aproximadamente unos dos minutos de silencio que parecieron toda una eternidad, el esposo le respondió: —Sé lo tuyo con el señor Emilio desde hace cuatro meses, veintidós días y nueve horas con unos minutos. Es realmente el tiempo que no tenemos relaciones sexuales, cuando lo supe quise divorciarme de ti, pero acudí donde el pastor le conté todo y le pedí un consejo. El pastor me preguntó que, si yo estaría dispuesto a escuchar el consejo y hacerlo, le respondí que sí, entonces él me preguntó: "¿Usted ama a su esposa?" Yo le respondí que sí, que te amaba con todo mi corazón; entonces fue cuando me dio el siguiente consejo: "Si usted la ama a partir de este momento y hasta que termine todo el proceso, el cual puede durar poco o mucho tiempo, no tocará a su esposa y aun ella quiera no tendrá relaciones sexuales con ella ¿está dispuesto a esto?" De nuevo me preguntó si te amaba y yo le respondí que sí, entonces el continuó: "Para muchas personas el amor es un sentimiento que puede variar dependiendo de las circunstancias, pues hoy puedo sentir que te amo y mañana no; para otras personas el amor es una decisión, en tal caso usted decide amar a alguien y pase lo que pase mantiene esa decisión. Para otras personas el amor es un compromiso, usted se compromete a amar a esa persona y, pase lo que pase, su compromiso se mantiene; para mí, el amor es todo esto y más. Amar es cuidar, proteger, perdonar, restaurar, es equipar, entrenar, preparar a la persona que usted ama hasta el punto de que si después que usted hace todo esto, la persona entiende que está lista para dejarte. Entonces tú, con ese amor que sientes, la decisión, el compromiso y todo lo demás, llevarás a ese ser que amas hasta la puerta de la salida de tu vida y buscarás por todos los medios que esa persona sea realmente feliz, aun esa felicidad sea sin ti. Por eso te digo, no le hagas saber a tu esposa que lo sabes, ámala; convierte tu rabia, decepción, coraje, odio y todo lo malo que puedas sentir en amor, comprensión, cuidado, preparación, afecto y dale todas las herramientas que ella necesite para que se pueda ir si así lo quiere; pero si por su pura conciencia te pidiera perdón, perdónala, pero perdónala de verdad. Si quieres quedarte con ella, quédate, sin embargo, quédate de verdad, ámala como nunca nadie la amó, con pasión, locura y, sobre todo, jamás de los jamases hables más de ese asunto. Debe ser como si nunca pasó, ¿estás dispuesto a hacer eso?". Yo le respondí lo que te diré a ti ahora, en este momento: Haré exactamente todo lo que usted me está diciendo, voy a darle a ella lo mejor de mí. Si en algún momento ella recapacita y me pidiera perdón y quiere terminar esa relación, yo la perdonaré con todo mi corazón y la amaré como nunca, pero si ella decide separarse de mí y mantener esa relación también la apoyaré, seré su amigo y estaré ahí para, en cualquier descuido, demostrarle que nadie en el mundo la ama más que yo. Amalia te perdono con todo mi corazón, te amo con sentimiento, decisión y compromiso. Hoy te pido que me perdones por descuidarme contigo y que por favor aceptes ser mi novia y compañera de toda la vida. Amalia lo abrazó llorando y lo besó apasionadamente, diciéndole gracias, muchas gracias por permitirme vivir al lado de alguien que no merezco. Fue entonces cuando los dos lloraron, sus lágrimas se juntaron al pegarse sus rostros y se convirtieron en una sola persona mediante un abrazo que se complementó con un beso de amor y pasión.

Sentados los dos, uno al lado del otro, Amalia tomó otra carta que tenía y le dijo: —He tomado la decisión de renunciar de mi trabajo, esta es la carta de renuncia, también quiero terminar la carta que hice para Emilio y quiero entregarla personalmente, claro si tú no tienes objeción. —No tengo ninguna objeción mi amor, debes hacer lo que tengas que hacer y cuentas con mi apoyo. Emilio recibió la carta entendiendo plenamente lo que había sucedido, pues al final de la misma ella le decía que su esposo estaba enterado de todo, que la perdonó y que ella, con la misma pasión o aun más de la que tuvo con él, le pedía que jamás se acercara a ella, que no la llamara, porque si hubiera muerto él no podía más que olvidarla y la Amalia que conoció murió. Amalia renuncio a su trabajo y decidió tomarse un tiempo de reorganización interior.

Mientras celebraban las bodas de plata, sus veinticinco años de casados, unos de sus hijos se acercó y le preguntó: —¿Cómo han hecho para estar juntos tanto tiempo y ser felices? Ambos se miraron y sonrieron, cada sonrisa trajo pensamiento a cada uno por separado, pensamiento de un después, del aquí y el ahora, del hoy y el futuro. Él no podía creer que ella, la mujer de quien se enamoró, su esposa, la madre de sus hijos había regresado siendo ahora una mujer extraordinaria. Ella no podía creer que aquel hombre del cual se enamoró, su esposo y el padre de sus hijos, estaba ahí junto a ella, siendo ahora un hombre extraordinario; entonces ambos, mirándose a la cara le respondieron: —Aprendimos que todo es posible con "El poder del amor".

EL SUEÑO DE LA VIDA Y EL DESPERTAR DE LA MUERTE

EL SUEÑO DE LA VIDA Y EL DESPERTAR DE LA MUERTE

He tenido sueños en los que puedo volar, saltar, nadar y hasta estar en concierto de artistas famosos. Correr en carreras de carros a alta velocidad, salvar a personas en peligro, encontrarme con personas y personajes extraordinarios, he dado conferencias a miles de personas y me he reencontrado con mi madre y amigos que ya fallecieron. En muchos de esos sueños no he querido despertar, preferiría quedarme soñando toda la vida, por eso cuando despierto de uno de esos bellos sueños, cierro mis ojos y trato de dormirme de nuevo a fin de volver a soñar.

Muchas veces he tenido sueños dentro de sueños, hasta el punto que al despertar desconozco si todavía estoy soñando. En otros sueños, a los que llaman pesadillas, quiero despertar. Recuerdo que en muchos de ellos me digo a mí mismo: "Tengo que despertar, no quiero quedarme en este sueño". La mayoría de las veces me despierto, pero otras veces me han despertado; no obstante, sea que despierte o me despierten, cuando ocurre lo hago sofocado, asustado y no quiero volver jamás a esos sueños, hasta el punto que preferiría quedarme levantado con tal de no dormirme. A menudo he soñado que soy rico, poderoso, en otros estoy perdido, buscando, pero al final de todos los sueños despierto a la realidad de la vida.

Quiero ver la vida como un sueño, un lindo y precioso sueño que empieza un día y termina otro día. No es un sueño de una noche, sino de toda una vida; mi vida o tu vida. En este sueño tendrás altas y bajas, muchas veces harás justamente lo que puedas hacer, sin importar lo que quieras hacer, otras veces, si el sueño de la vida es maravilloso, harás lo que quieras hacer y llegarás justamente donde querías llegar. En este soñar no debes rendirte, tienes que continuar e intentarlo una y otra vez. Sigue buscando, porque mientras tengas vida podrás lograr lo imposible, sueña, sueña, sueña y ve por más. Cuando el sueño de la vida te parezca una pesadilla, recuerda despertar y vuelve a soñar, porque en el sueño de la vida hay un protagonista: Tú.

En el sueño de la vida no estás solo, hay muchos a tu alrededor que necesitarán de ti. Ellos también sueñan, ayúdalos a soñar, sé parte de sus sueños, de esos en los que no quieren despertar, apoyándolos cada día; busca ser una parte importante del sueño de sus vidas. Probablemente pienses que tienes poco o nada que aportar en el soñar de los demás, pero eso no es real, tienes tanto que dar y aportar para que los demás puedan hacerlo de lo que te puedas imaginar; vamos a pensar que no tienes dinero, pero le puedes dedicar parte de tu tiempo a alguien que se cree insignificante y al ver cómo tú le das lo más preciado que tienes, esta persona cambia su manera de pensar de sí misma y sueña.

Recuerdo que una vez fui a recoger a mi hija al colegio y por alguna razón mi hijo no fue ese día. Mi hija tenía como doces años y debido a mi trabajo y todas las cosas que nos envuelven en el sueño de la vida, casi no conversaba con mi hija. Ese día, inmediatamente ella entró al carro, me saludó con un beso, se puso el cinturón de seguridad y se veía muy contenta, quizá porque venía delante conmigo, pues cuando venía con su hermano le tocaba sentarse en la parte detrás del carro. La miré y luego le pregunté: —¿Mi hija, cómo te va en el colegio? Fue una pregunta, en la que quizá yo esperaba como respuesta un "muy bien", "más o menos", o "mal"; pero no fue así, mi hija empezó a contarme de casi todo lo que pasaba en el colegio. Durante los próximos 55 minutos ella habló, habló y habló hasta llegar a la casa. Cuando llegamos a la casa, se desmontó del carro, me abrazó y me dijo: —Muchas gracias, papi por conversar conmigo. En realidad, yo le presté atención y la escuché. Con el pasar del tiempo, mi hija que hoy es toda una mujer y madre, recuerda aquella famosa conversación que tuvo con su padre.

Imagínate cuánto y cómo puedes cambiar el sueño de la vida de un ser humano por el hecho de que le dediques un poco de tu tiempo. La vida es un sueño que debes disfrutar al máximo. Vive cada momento, comparte con las personas que tienes a tu lado, hazlos parte de tus sueños y de tu vida, porque en cualquier momento, ellos simplemente dejarán de existir y quedarán fuera de tu alcance para hacer algo por ellos, sean niños, jóvenes, adultos o ancianos, ámalos y dales lo mejor y más valiosos que tú tienes; tus sueños, hazlos parte de ellos.

Al ver la vida como un sueño, puedo pensar en un despertar, en el despertar de la muerte. Quizás la muerte es solo el real y verdadero despertar. Cuando queremos ser de alguna manera o tener algunas cosas, regularmente soñamos con eso. Las veces que he soñado estar en grandes conciertos, casi siempre sueño con artistas conocidos o con artistas cuya música me hacen dormir y tras despertar siento satisfacción y alegría. Cuando veo películas de terror, misterio, acción, asesinatos, ciencia ficción u otro género, a veces me sueño con algo parecido. Es por eso que al ver una película de terror me imagino que junto a todos estos actores hay muchas personas con cámaras, dirigiendo y haciendo otras cosas, en pocas palabras, me imagino que es solo una película. Eso mismo creo que pasa con el despertar de la muerte, si usted vive el sueño de su vida haciendo maldad, asesinando, mintiendo o engañando, jamás piense que el despertar de la muerte para usted será fácil. Creo que nuestro tiempo aquí es un sueño y que el despertar de la muerte es toda una eternidad y esa eternidad tiene su base en cómo viva el sueño de la vida. Puede que diga: todo termina aquí, después de aquí no hay nada más, ¿y si hay algo más? ¿qué pasa si se equivoca? Es mejor vivir el sueño de la vida creyendo que un día vendrá el despertar de la muerte, que vivir la vida y morir. ¿Por qué tiene que morir y sin más esperanza?

El dormir de la vida puede ser un sueño muy placentero y el despertar de la muerte podría ser la realidad más sublime que ocurre. Disfrutemos el sueño de la vida y preparémonos para el despertar de la muerte.

De los sueños y la muerte todos despertaremos.

Hemos dividido el tiempo en pasado, presente y futuro... son como tres hermanos con diferencia de edad, hijos del mismo padre, pero visten diferente, hablan diferente, tienen edades diferentes y, sobre todo, nunca andan juntos; así que, si quieres aprovechar el tiempo, tendrás que aprender a lidiar con estos tres muchachos y deberás aprender de cada uno, teniendo en cuenta que jamás podrás juntarlos.

LAS VERDADES
DEL TIEMPO

LAS VERDADES DEL TIEMPO

Saber las verdades sobre el tiempo es necesario para poder tener éxito, pues desconocer estas verdades pueden hacerte ingenuo y sin darte cuenta morir teniendo vida. Cuando pienso en el tiempo, quedo fascinado por su valor, rapidez y belleza. Este nos empalaga con su belleza, nos envuelve en su pasar y nos da sus diamantes refinados en segundos, minutos, horas, días, meses y años. No envejece, pero ve a todo el mundo envejecer. No muere, pero tiene la capacidad de ver a todos morir. Se renueva cada día, mientras todo se desgasta. Aunque le han puesto muchos nombres, "tiempos buenos y malos, largos y cortos" es solo eso, "tiempo". La mayoría de los seres humanos entienden muy tarde su valor, no se dan cuenta de que cada segundo se convertirá en minutos, cada minuto en horas, cada hora en días, cada día en semanas, cada semana en meses, cada mes en años y cada año en la cercanía de tu partida.

Las frustraciones de muchos seres humanos suceden en el hecho de no aceptar los tiempos y querer vivir o revivir el pasado, por no haber vivido cada segundo. Entienden que si les dieran otra oportunidad las cosas serían diferentes. Si pudieran retroceder en el tiempo, de seguro lo harían, pero saben que, posiblemente, repetirían la misma historia y de nuevo se encontrarían en la misma situación. Esa es una de las razones por las que te insto a invertir tu tiempo con tus seres queridos, con las personas que te aman y, sobre todo, contigo mismo, porque no sabes por cuanto tiempo estarán a tu lado, ni aun cuánto tiempo estarás tú con ellos. Ama, quiere, respeta, agradece con todo tu corazón, pues cada tiempo tiene su etapa y cada etapa que se va no vuelve jamás.

"El tiempo que se va no repite igual". Esta es una verdad respecto al tiempo. Quiero invitarte a caminar, viajar, correr, nadar, jugar, admirar el tiempo que tienes ahora, habla con las personas que te aman, exprésale tu amor y admiración, agradéceles su compañía, invítalos a desayunar, almorzar o cenar; aprende a hacer alguna comida especial y hazla para ellos. Si tienes una esposa o esposo disfrútalo, se parte de sus aspiraciones, metas y deseos, camina con ellos en este tiempo; si por alguna razón cometiste errores perdónate, pide perdón, renuévate, deja que el tiempo restaure y ponga las cosas en un lugar mucho mejor que antes. "El tiempo lo cura todo, solamente si tú se lo permites". Esta es otra verdad del tiempo.

También quiero invitarte a ver, sentir, escuchar, palpar, pensar en todo lo que tienes ahora, sin importar lo insignificante que te parezca, lo que tienes es lo que justamente usarás para lograr lo que quieres. Si quieres lograr el éxito tendrás que usar las herramientas que tienes a tu disposición. La mayoría de las veces las personas piensan en las cosas que necesitan para lograr sus metas, al punto que se olvidan de usar las cosas que tienen. Lo que tienes y eres, son tus herramientas, tus dones y talentos. Quién fuiste y quién eres, es justamente lo que determinará quién serás y lo que lograrás en el tiempo que se aproxima.

Hemos dividido el tiempo en pasado, presente y futuro; son como tres hermanos, con diferencia de edad, hijos del mismo padre, pero visten diferente, hablan diferente, tienen edades diferentes y, sobre todo, nunca andan juntos, así que si quieres aprovechar el tiempo tendrás que aprender a lidiar con estos tres muchachos y deberás aprender de cada uno, teniendo en cuenta que jamás podrás juntarlos.

Del pasado deberás aprender sus lecciones; del presente deberás aprender sus acciones; del futuro deberás entender sus variaciones; del pasado podrás saberlo casi todo. Del presente podrás conocer algunas cosas, del futuro no sabrás nada cierto al cien por ciento, del pasado no te preocupes. En el presente cambia lo que tengas que cambiar, del futuro tampoco te preocupes, pues aunque es muy incierto, casi siempre vendrá con una cosecha de lo que sembraste en el presente, que luego será tu pasado. Entonces de la única manera que podrás hacer que tu futuro sea mejor es usando todas y cada una de las herramientas que tienes en este tu presente. "Ahora mismo el pasado ya pasó, el presente está pasando y el futuro está por llegar". Esta es otra verdad del tiempo.

El tiempo existe solo para indicarte que tú tienes una parte de este en ti, en tu diario vivir, en tu constante compartir, en tus relaciones con los demás, en tu diario caminar. El tiempo está ahí, justamente donde tú estás ahora. Está dentro de ti como un reloj de arena que se agota para contigo y se reinicia para con otros. Quizás es lo más valioso que tienes y probablemente lo que más mal usas o malgastas. Casi todo lo que le das a las personas podrán devolvértelo, excepto el tiempo. Nadie podrá devolverte el tiempo que inviertes o gaste con él o ella. Nadie podrá darte un día más, una noche más, ni siquiera un segundo más, dicho de otra manera, "después que tú gastas o inviertes el tiempo , nadie puede devolvértelo". Primero, el tiempo no es de nadie, a veces la gente dice, "no quiero malgastar mi tiempo contigo", pero eso no es real, ni usted ni yo tenemos al tiempo, "el tiempo nos tiene a nosotros". Esta es otra verdad del tiempo.

El no saber qué pasará mañana debe de llenar tu vida de expectativas fascinantes, pues, aunque no sepas lo que pasará, debes pensar que será mejor, que el mañana estará ahí para darte esperanza, que verás cada fruto de tu esfuerzo, lucha y espera. Entonces tienes que ver el tiempo como un campo de siembra fértil, con muy buena tierra, que necesita ser sembrada y que los frutos que dará serán justamente los que sembraste; por eso debes olvidar el día lluvioso y sombrío del ayer, concéntrate en el día esperanzador y soleado del hoy. Siembra en este día esperanza, amor, paz, olvido, perdón, buenas acciones, dádivas, fe, misericordia, puedes mezclarlo con un poco de dolor, tristeza y hasta amargura, pero luego riégalo con mucho gozo, alegría y toda la dulzura que se te ocurra, para luego esperar el mañana con todos sus frutos, aquellos de lo que sembraste hoy.

Algunas veces el tiempo es muy benévolo y te dará mucho más de lo que sembraste, sin embargo, casi siembre recibirás el fruto de tu siembra. Así que anímate, toma las mejores semillas de tu interior, de tus pensamientos y empieza a sembrar, "pues justamente hoy el tiempo espera por ti, para darte tu mejor día".

Hoy es tu día, empieza a brillar,
da lo mejor de ti y prepárate
para hacer la diferencia, si estás
leyendo este libro, es porque
hoy es tu día y lo que viene al
amanecer, disipará todas dudas
de derrota y te encaminarán a
un recorrido en victoria, debes
creerlo; cierra tus ojos y solo
declara "este es mi mejor día"

12:01 AM
LA TRANSICIÓN
DE BIENESTAR

12:01 AM
LA TRANSICIÓN DE BIENESTAR

Cada día tiene una noche y cada noche tiene un día. Llamaré noche, a las adversidades de la vida, a la tristeza, amargura y demás pesares productos de cualquier acontecimiento. Llamaré día, a las bienaventuranzas, alegría, dulzura y demás sentimientos de bienestar producto de cualquier acontecimiento. De esta manera tu vida estará compuesta por noches y días. Por supuesto, son todas esas noches y días que formarán tu mejor día. Debes pensar esto: "aunque hayas pasado o estés pasando por algún momento de oscuridad, ese tiempo tendrá su final cuando empiece el nuevo día. Aunque todavía te parezca oscuro, a las 12:01 será la madrugada de un nuevo día, con un nuevo sol; ese astro brillante, deslumbrador que disipará toda oscuridad y traerá consigo rayos de esperanza.

Quizás en este momento estés pasando por circunstancias difíciles, fuera de tu control, tal vez te abandonaron, te traicionaron, tus finanzas están por el suelo, te embarga la tristeza de algún ser querido que murió, o quizás tienes alguna enfermedad y te dijeron que te queda poco tiempo, o acaso estás haciendo algo que no quieres hacer, porque dañas o engañas a alguien, pero por más que has tratado es como que no puedes o quieres dejarlo. Son estos y otros acontecimientos que oscurecieron tu día, tornando gris tu vida y permitiendo que llegue la oscuridad de la noche; no te desanimes, ni te rindas ante la oscuridad que te rodea, solo espera en la esperanza del amanecer de un nuevo día. Es la transición de bienestar de un día nuevo que empezará en medio de la noche, justamente después de la medianoche; al mismo primer segundo empezará la madrugada de un nuevo día, esa es tu madrugada de un sol que brillará para ti y el fin de la mala noche. Es una madrugada que llama a la claridad y al brillar del sol esperanzador de un nuevo día para tu vida; es un nuevo amanecer que tienes que tomar con la esperanza de una transición hacia un bienestar único, especial y maravilloso. Tienes que sacudirte, extender tus alas y prepararte a volar alto, muy alto, con la convicción plena de que lo mejor ha llegado para ti, pues hoy mismo a las 12:01 de la madrugada empezó o empezará "tu transición de bienestar".

Muchas veces, de manera errónea pensamos que las personas malas son las que hacen cosas malas; digo de manera errónea porque también las personas que entendemos que son buenas han hecho cosas malas o en algún momento las harán. Por el hecho de ser personas, sin importar su educación, nivel social, político o religioso, en algún momento fallaron o fallarán. Tener esto claro es lo que te permitirá perdonar, pedir perdón y perdonarte, claro está, debes lidiar primero con el dolor, la tristeza y la amargura del mal que te hicieron o el mal que hiciste y poco a poco ir sanando, olvidando y restaurando. También debes saber que son las personas más cercanas a ti las que posiblemente te fallen, y a las que le falles; muchas veces ellos mismos no entenderán el por qué lo hicieron, así como muchas veces ni tú mismo entenderás el por qué lo hiciste, sucedió y ahora nada se puede hacer para deshacerlo. Lo hecho, hecho está, pero sí tendrán y tendrás la oportunidad de hacerlo mejor, de manera sincera, transparente, sana y con humildad para que la persona o personas que dañaste entiendan cuanto lo lamentas y que estás muy arrepentido de lo que pasó. Debes reconocer que eres culpable, que eres parte de lo que formó esas nubes grises y las malas noches en las vidas de esas personas, y que mereces el odio, la condena y la desconfianza, pero que estás buscando misericordia, recibir lo que no mereces y no recibir lo que realmente te tocaría. Hazles saber tu disposición al cambio y que ahora estás ahí para la madrugada que se acerca y el día que vendrá con un sol simplemente maravilloso.

La vida puede ser corta, pero hay momentos largos. Puedes ver el tiempo que ha pasado y que tú has permitido que el odio, la falta de perdón, las heridas y los malestares que causaste o te causaron sigan ahí destruyéndote; ellos han llevado tu noche a ser más larga que lo normal.

Hoy es tu tiempo, revisa en tu interior, busca si hay heridas sin cicatrizar que todavía sangran, o recuerdos de acciones de las cuales no te avergüenzas de que pasaron, o de cosas que están pasando ahora mismo. Hoy es tu tiempo de decir "basta ya, hasta aquí llegan mis malas noches, las pesadillas del pasado se van. Son las 12:00 de la medianoche y dentro de un minuto entrará el nuevo día, lleno de esperanzas y de rayos de luz que alumbrarán toda mi vida.

Declara que hoy es tu transición hacia un bienestar único, que hoy tu vida cambia, que tomarás justamente todo lo que tienes y lo usarás al máximo para obtener lo que quieres y puedes. Aun después de tomar esta decisión y llegada las 12:01 de la medianoche, te pareciera oscuro, no veas la noche que se fue, concéntrate en ver el lento, pero firme amanecer que viene para ti, para tus metas, propósitos y planes. Es un amanecer que bendecirá tu vida y las vidas de muchas personas más; ya se prepara un sol para salir. "Hoy es tu día", sana todas las heridas interiores, declara, proclama, afirma sanidad física, emocional y espiritual en tu vida. Si dañaste a alguien, si recuerdas algún hecho del cual sientes vergüenza, hoy termina esas noches, con su oscuridad y nubes grises, **"este es tu tiempo de transición hacia un bienestar"**. Si tienes la oportunidad de reparar tu mal accionar, repáralo hoy mismo, no esperes más, dale fin a la noche; deja que todas esas heridas cicatricen y todas ellas sean borradas.

Hoy es tu día, empieza a brillar, da lo mejor de ti y prepárate para hacer la diferencia, si estás leyendo este libro, es porque hoy es tu día y lo que viene al amanecer, disipará todas dudas de derrota y te encaminarán a un recorrido en victoria, debes creerlo; cierra tus ojos y solo declara "este es mi mejor día".

Cuenta la historia de un hombre, quien era cristiano, tenía una iglesia, pastoreaba y andaba por el mundo predicando la palabra de Dios; podríamos decir que era un buen hombre. A este le aconteció que el esposo de su hija mayor la mató; él no podía digerir la realidad. Su hija mayor había sido asesinada por su esposo, con quien él había compartido durante años y a quien conocía como un buen esposo, pero, ¿por qué? Era la pregunta que él hacía a Dios. Decidió entablar una conversación con Dios y así lo hizo. Se metió en un tiempo de ayuno y oración que solo lo terminaría si Dios le respondía algunas preguntas, fue en este tiempo donde este hombre recibió la transición hacia un bienestar. Él le empezó a pedir a Dios que le ayudara a amar al asesino de su hija. La transición de bienestar puede llegar con momentos dolorosos, incomprensibles, amargos, tristes, desesperados y de preguntas sin respuestas. Este hombre fue capaz de pedirle perdón al asesino de su hija, después él perdonó al asesino de su hija y dice que sanó de manera total. Una paz única y verdadera lo envolvió de tal manera que a partir de ese momento él pasó por una "transición de bienestar" que miles y miles de personas, fueron impactadas por sus mensajes de amor, perdón y sanidad. Según su propio testimonio, "su dolor, tristeza, amargura y llanto fueron curados y sanados para siempre".

Jamás te estanques en un día gris, ni en una oscuridad repentina, mucho menos durante las malas noches. Deja que pase y espera con ansiedad el nuevo día y el despejar de los rayos del sol. Cuando un ser humano se estanca produce veneno; mantente en movimiento, piensa, actúa, espera siempre, creyendo que lo mejor aún está por venir.

Casi todos los seres humanos hemos sido defraudados, engañados o burlados; de una forma u otra hemos recibido algún mal de parte de otras personas. Muchas veces ese mal lo recibimos de gente que nos quiere, pero que en un momento dado ellos mismos fueron objeto de algún mal y como una reacción de lo que ellos recibieron, dañan a otros. Muchas veces, el mal fue causado por nosotros mismos, en un momento de confusión, ira, desánimo, amargura, tristeza o debilidad, en donde ofendiste, dañaste, destruiste, defraudaste o engañaste quizás a alguien que era y es muy especial para ti. Es momento de ver que ha pasado mucho tiempo y todavía vives en esa oscuridad, "es tiempo de hacer una transición de bienestar".

He escuchado y visto, quizás usted también, a psicólogos y psiquiatras decir: "el accionar de este individuo, es producto de todo lo que sufrió en su niñez", refiriéndose a una persona que comete algún tipo de delito, o sea, que el mal que está haciendo es producto de un pasado fatal, abusivo, violento, de maltratos que él o ella nunca superó, sino que guardó en su mente y corazón, dañando su vida y ahora con la capacidad de dañar las vidas de otros. Si esto es cierto, entonces es muy importante y vital la sanidad interior; debes tomar cada mal recibido, cada tracción, cada engaño y convertirlo en combustible para el vehículo que te llevará a una transición de bienestar del día gris y la noche oscura, a la madrugada, a ese empezar de un nuevo día y el brillar de un sol radiante que disipará todo lo gris.

La transición de bienestar debe ser constante en tu diario vivir. Si está mal, eso pasará en la madrugada del día que se aproxima, si está bien, habrá un mayor bienestar en el día que se aproxima, en donde cada nube gris y cada noche será revestida de la majestuosidad, belleza y bienestar de las 12:01 de la madrugada de un nuevo día.

Aprende esto, divúlgalo, enséñalo a tus hermanos, amigos y a las personas que te encuentres en tu caminar: diles que existe la bienaventuranza del nuevo día que traerá consigo las "12:01 am - La transición de bienestar".

"El tiempo que vendrá será mejor".
Este dicho debe ser la flor principal,
la rosa más hermosa y la planta más
fructífera que sembrábamos en nuestro
jardín de vida. Porque la vejez empieza,
cuando la esperanza termina.

EN EL JARDÍN
DE LA VIDA

EN EL JARDÍN DE LA VIDA

- TIEMPO DE SANAR Y MATAR -

Quiero ver la vida como un jardín. Me gustaría que vieras tu vida como un jardín; ese espacio donde hay diferentes flores y rosas, preciosas y coloridas, pero también hay malezas, plantas aparentemente inservibles que no producen nada y que mucho menos son hermosas. A esas flores y rosas hermosas, llenas de colores y que hermosean el jardín de la vida le llamaremos tiempos de gozo, alegría, felicidad, esperanza y momentos "inolvidables", por sus características de bienestar y su producción de paz y amor. A los espinos, gramas e inservibles plantas, le llamaremos tiempos de pruebas, dolor, amargura, tristeza, por sus características de malestar y su producción de guerra y odio.

De esta manera tendremos en nuestro jardín todo tipo de plantas, Cada día tienes que observar lo que está creciendo en tu jardín y ver cada una de las flores, rosas y diferentes plantas que allí están. Tú serás el que tendrás la responsabilidad de cuidar, regar, limpiar y abonar todas las que considere productivas y hermosas; jamás creas que será cosa fácil. Se requiere de tiempo, observación activa y pasiva, disposición y mucha entrega, porque mantener lo bueno siempre será tarea de mucho trabajo. También serás el responsable de matar todas aquellas malezas y plantas que consideres inservibles y sin buenos productos.

En este jardín, "el jardín de tu vida", no debes esperar que alguien de afuera venga a ser el jardinero, ni de gratis, ni pagándole. Puedes buscar ayuda para que te enseñen a podar, abonar, cuidar, proteger, regar y observar las flores y rosas de tu jardín, también que te enseñen a matar, destruir, quemar o arrancar las malezas y plantas inservibles; pero jamás permitas que sea otro quien lo haga. Tú eres el dueño de ese hermoso jardín de vida y eres el único que debe reconocer las buenas y malas plantas que hay en él.

De hecho, el jardín de tu vida, es aquel que nadie puede limpiar, cuidar, hermosear mejor que tú. En el transcurrir de tu tiempo y espacio, en la suma de tus días y noches, hasta ahora fueron plantados momentos buenos y malos. Por tanto, tú eres el único responsable de cuidar, amando, proteger, observar y revivir cada día y noche de esos momentos buenos; esos son los que te permitirán mantener el jardín de tu vida hermoso y listo para la mirada de los demás y para que ellos puedan imitar tu proceder de vida y éxito. También tú serás el único responsable de quitar, matar, destruir, eliminar cada momento malo, cada experiencia negativa, cada traición. Para esto, tendrás que usar el mejor veneno que existe para la eliminación de estos momentos, que son: perdonar y olvidar.

Así que vamos, prepara tu abono para abonar, tu agua para regar, tu tijera para podar, todos tus sentidos para cuidar y tu interior para recordar. Usarás el abono de tu memoria y de tus recuerdos para abonar cada momento bueno y tráelos a colación en cada instante. Emplearás el agua del agradecimiento para regar el jardín de tu vida con acciones de gracias hacia Dios y los demás. Cada día o cada noche regarás tu jardín, con esa agua fresca llamada gracia. Utilizarás la tijera de la esperanza para podar cada momento, porque aun los momentos buenos traerán peros; sin embargo, cuando llegues, usa las tijeras de la esperanza y corta todos los peros negativos que puedan aparecer.

Ejercita todos tus sentidos para cuidar. Que tus oídos aprendan a escuchar el cantar de personas que, a pesar de tener muchas más necesidades que tú, saben cantar a la vida. Que tus ojos aprendan a ver hacia atrás y observen la cantidad de personas que están detrás de ti, esperando algunas migajas. Que tu nariz aprenda a oler las miserias en las que viven tantos seres humanos. Así también tus manos aprendan a tocar a los enfermos. Además, que tus pies aprendan a caminar hacia aquellos que están más necesitados que tú. Asimismo, que tu mente y corazón se inclinen hacia lo más importante de este mundo: "dar". Ese es el servicio hacia los demás. Nunca trates de ver el jardín de la vida de los otros como una forma de compararlos con el tuyo, pues aunque no lo creas, siempre habrán jardines que aparentarán ser más hermosos o más descuidados que el tuyo, porque las flores y las rosas aunque sean del mismo color, casi siempre traerán formas diferentes y su olor será más fuerte o débil entre una y otra. Concéntrate en tu jardín de vida; tú puedes. Si quieres, observa otros jardines, con la intención de ver cuáles flores o rosas de las que tienes o no, sabiendo que el tenerlas, jamás te hará igual a otra persona. Ten mucho cuidado con desear tener el jardín de vida de otra persona, recuerdas que te dije que nunca tu jardín de vida, por más que se parezca a otro, será igual.

Creo que el tiempo es invariable, no envejece, no se cansa, está ahí siempre. Somos tú y yo quienes variamos, envejecemos, nos cansamos y no siempre estaremos ahí. Por lo tanto, esta verdad, mi verdad, me hace caminar con esperanza, porque la esperanza nos mantiene jóvenes. "Cuando la esperanza termina, empieza la vejez". Dicho de otra manera: "La vejez empieza, cuando la esperanza termina".

Busca el sentido del cuidado de tu jardín de vida por medio de una esperanza que no termine, a sabiendas de que siempre habrá alguien con una necesidad que tú podrás cubrir. Observa en este momento tu jardín de vida, mira lo que hay en él. El hecho o las circunstancias que llevaron a que flores y rosas hermosas, o a la grama y plantas inservibles llegaran allí, no debes darle importancia. La realidad es que ya están en este lugar y ahora al observar te das cuenta que es el tiempo de hacer algo para limpiar, de una vez y por todas, tu jardín de la vida.

Vamos, toma los elementos que te mencioné antes, úsalos para sanar, levantar, abonar, cuidar, revivir cada momento bueno que ha pasado en tu caminar y también empléalo para matar, eliminar, olvidar, erradicar cada momento malo que ha pasado en tu caminar.

Quiero contarte algo que a mí me pasa, ya que "mi mente borra casi todos los momentos tristes, dolorosos, amargos y malos de mi vida, al sustituirlos por los buenos y extraordinarios momentos que pasaron a la par". No es que tenga mala memoria y de que no recuerde mis malos momentos, es que en mi mente y corazón trato de que los buenos superen a los malos. Pondré dos ejemplos:

1) Mi madre murió hace unos años. Tres meses después que mi madre murió, yo desperté una mañana con el deseo de ver a mi madre, tomé una bicicleta, a pesar de tener un carro, decidí ir en la bicicleta y tras pedalear por más de una hora llegué a la casa de mi madre y justamente antes de tocar la puerta me vino a la memoria que ella había muerta. Me quedé estupefacto, paralizado y me retiré a un banco del malecón y ahí me senté por varias horas. Sé que mi madre está muerta, pero en estos precisos momentos no sé cuántos años hacen, ni el día en el que murió. Muchas veces me dicen la fecha exacta y en un tiempo corto la olvido. No es que la recuerde como si estuviera viva, la recuerdo sabiendo que está muerta, que se fue; pero los recuerdos que me llegan a la mente de ella, son preciosos, alegres, no de tristeza, ni de amargura. La recuerdo como una mujer fuerte, valiosa, una buena madre, trabajadora y, sobre todo, una conquistadora sin límites.

2) Junto a mi esposa y mis hijos he pasado por momentos amargos. Una vez vivimos en un lugar que se llama Sabana Perdida en Santo Domingo, República Dominicana, en una casa literalmente construidas sus paredes de cartón; ya había nacido mi hijo David. Juntos los tres, pasamos los perores tiempos de nuestras vidas, en relación a posesiones materiales, teniendo muchas limitaciones de ropas y comida. Recuerdo que una vez David empezó a llorar por leche, pues apenas tenía siete meses. No teníamos nada que darle, así que fui y empeñé mi anillo de bodas por RD$25.00, le compré la leche y finalmente el señor de la compraventa me robó mi primer anillo de bodas. Recuerdo esto, pero no viene a mi mente como para entristecerme. No. Cuantas veces recuerdo esto, de manera automática llega a mi mente que ese tiempo, a pesar de todas las calamidades, mi esposa, mi hijo y yo estuvimos unidos, orábamos en la mañana y en la noche, ayudábamos a otras personas, llegué a tener un club con más de 60 niños que concurrían al frente de aquella casa de cartón, a verme vestido de payaso, en-

señando las cosas buenas de la vida. Se trata de buenos recuerdos que me hacen olvidar los malos y el hecho de que cuando nos juntábamos los tres a orar había una idea común, un deseo del alma y una petición: "El tiempo que vendrá será mejor". Este era la flor principal, la rosa más hermosa y la planta más fructífera que sembrábamos en nuestro jardín de vida. Durante mi caminar me he encontrado con personas que, con o sin razón, con o sin intensión, me han odiado, han robado, engañado, estafado, difamado y causado muchos males y sembrando malezas en mi jardín de vida. También me he encontrado con personas que me han amado, me han dado de su tiempo, me han enseñado y cuidado, llevando esperanza, haciéndome muchas cosas buenas, sembraron flores, rosas y árboles frutales en mi jardín de vida. Sus hechos me hacen olvidar y perdonar a los sembradores de pesadillas. Esto es buenísimo, porque evita que en mi corazón haya odio o raíces de amargura y hace que mi mente y corazón obvien los malos momentos y a las personas o circunstancias que lo permitieron.

Es bueno saber dónde estás y para dónde vas. Aborda el vehículo de la esperanza y lánzate a las conquistas sin límites. Para lograrlo conviértete en doctor y en un exterminador, teniendo la total seguridad de que este es el tiempo de sanar y matar. Por lo tanto, empieza sanando cada heridas, borrando cicatrices, eliminando los malos recuerdos, perdonando deudas, auto perdonándote las ofensas que has causado, dejando de sembrar malezas en tu jardín y en el jardín de otras personas, no dejándote usar por otros para malas acciones, no siendo cómplices de sembradores de malezas e impulsor de pesadillas en los sueños ajenos, quitando de tu jardín toda maleza y árbol que no da frutos, mata, elimina todas las malezas, arráncalas de raíz, sana las flores y las rosas que fueron dañadas y cuya hermosura está opacada. Entonces, brilla como luz esplendida que alumbra de manera esperanzadora tu vida y las de los demás. Siembra esperanza en cada corazón; empieza hoy, pues hoy es tiempo de sanar y matar. Pon en cada esquina de tu jardín de vida un envase lleno de tierra, para plantar cada momento bueno, cada risa, cada alegría y justo en el centro siembra el fruto de la "gracia". Cuando alguien, cualquier persona o circunstancia, venga a sembrar malezas a tu jardín de vida, échale encima un poco de esta tierra de buenos momentos, con risas y con alegría. Ya sea por una muerte, desamparo o fracaso, no podrán sembrar en ti, porque tú, con el fruto de la gratitud, eliminarás toda maleza y simplemente habrá hermosura y cada día, podrás contemplar con una sonrisa las maravillosas bellezas y virtudes que hay en **"El jardín de la vida"**.

CONCLUSIONES

ALGO MÁS QUE UN DÍA

Quiero ver la vida como un día, pero no como cualquier día, sino como un día compuesto por varios años, desde el día en el cual naciste, hasta ese día en el cual dormirás. Es un maravilloso día compuesto por la unión de sucesos buenos y malos, por momentos de tragedias y de bienaventuranzas, por acciones y paisajes de terror, de amor, de locura, de felicidad, de tristeza, de dulzura, de amargura y comprensiones del pasar. El conocimiento de esta verdad me ha ayudado a entender mucho mejor el accionar de los seres humanos y aun más, mi incomprensible hacer, pensar y actuar. Este saber me ha llevado al camino de la paz. He podido ver con toda claridad que la vida no se trata de mí, sino de todos; de aquellos que piensan igual y diferente a mí, de quienes me amaron, me aman y me amarán sin saber por qué y de aquellos que me odiaron, me odian y me odiarán también, sin saber por qué y muchas veces, aun sin conocerme. Son esas personas con sus acciones las que han formado ese grandioso día y todo lo que soy.

Tengo la convicción de que yo mismo he sido parte integral de odio y de amor del día de muchas personas, a las cuales queriendo o sin querer les he causado tristeza o felicidad, pero de una forma u otra he sido una de esas partes humanas que, con mis acciones, ya sean buenas o malas he formado ese maravilloso día. He tenido la oportunidad de remediar muchos de mis errores y faltas, pidiendo perdón y siendo perdonado; con algunos todavía no he podido hacerlo, pero si por algún motivo o circunstancia eres de aquellas personas que piensan que soy una de las partes negativas de tu día, hoy con toda sinceridad, humildad y amor te pido perdón.

¡Qué te puedo decir en esta primera conclusión! "Que no existe un fracaso más grande que la ingratitud; nada más pesado que llevar raíces de amargura en tu corazón; perdonar, perdonarte, pedir perdón, recibir el perdón es y será siempre la libertad más grande que puedas tener. El ser feliz y hacer feliz a los demás, será un asunto tuyo y de nadie más".

Hoy cierra tus ojos y abre tu corazón, libera tu alma de todas las ataduras y declara con toda autoridad que este es simplemente **"Tu mejor día"**.

DIOS EXISTE PORQUE YO EXISTO

Aunque me crié sin un padre, pues desde que tengo uso de razón solo recuerdo a mi madre, tuve un padrastro, pero nunca hizo el papel de papá; por lo menos conmigo y algunos de mis hermanos. Me imagino que para él no era tarea fácil.

Mi madre tuvo un primer matrimonio con el cual procreó cinco hijos, luego se unió con otro hombre con quien procreó cinco hijos más. Aunque yo estoy entre esos cinco, según la historia contada por una de mis hermanas, no soy hermano de padre y madre, solo tengo hermanos de madre. Sin embargo, ese no es el caso. La cuestión es que el último hombre y el único que estuvo con mi madre, fue mi padrastro, por eso de los 10 hijos de mi madre y de diferentes padres se le hacía difícil, muy difícil a mi padrastro hacer la función de papá de tantos muchachos. La situación es que yo me crie sin una figura paterna, esto en la medida que fui creciendo me dolía, hasta que llegué a la edad de 14 años. Fue en esa edad cuando después de leer en la Biblia la historia del rey David y su Dios, que tomé la decisión de pedirle al Dios de David que me adoptara como su hijo y así lo hizo. Fui al patio de mi casa, que no era más que un callejón de unos siete pies de ancho por unos veinte de largo, fue allí a solas donde levante mis manos hacia lo alto y le pedí con todo mi corazón al Dios de David que fuera mi Dios, y así empezó mi relación con Dios, con el Dios de David. Aunque sabía de los evangélicos, de los católicos, testigos de Jehová, bautistas y otras religiones, yo quería ser adoptado por el Dios de David. A partir de ese día empecé a tener un soliloquio y experimentar la cultura del cielo en la tierra, aun con muchas cosas que me faltaban por estudiar y lidiar por mi falta de comprensión y entendimiento de lo que es la Biblia y el estudio teológico, llegando a la conclusión de la incomprensibilidad de Dios y la aceptación que solamente puedo recibir por fe lo que es Él y lo que dice la Biblia de Él.

En este caminar me he encontrado con muchas personas falsas, malas, que aun diciendo ser cristianos, aseguran que han recibido a Cristo como Señor y salvador y aun creyendo en la creación de Dios, siguen igual que antes de recibir a Cristo.

Por la esencia de Dios, por su naturaleza, por su poder, por su gracia, por su misericordia, por su amor y por todas sus virtudes; viendo las limitaciones humanas, me niego a ver a Dios por medio de una imagen, por medio de una persona, por buena que esta haya sido, o sea. Jamás podré ver a Dios por medio de ninguna cosa, planta, animal o persona. Lo cierto es que cuantas veces quiero ver a Dios, acudo a la Biblia y veo, estudio y escudriño.

Tuve este soliloquio con Dios a todas horas, hasta cuando a los 19 años le entregué mi vida a Jesús y empecé una relación de amigo con el mejor de todos, una relación que me ha permitido lidiar con toda clase de engaños, traiciones, desánimos, mentiras, caídas, frustraciones, tristezas, pobreza, amargura, trabajo, cansancio, penas, dolores y todo tipo de frustraciones que he pasado por ser un ser humano.

Cristo me ha enseñado que yo puedo, no por lo que soy, sino por lo que Él representa para mí y por lo que Él es en sí mismo. Sé que solamente soy un pecador arrepentido que entre los pecadores soy el segundo, pues al apóstol Pablo dice ser el primero. Durante esta trayectoria de vida tuve que hacer muchos trabajos y oficios; de hecho, desde ese tiempo hasta aquí vendí frutas, fui limpiabotas, buhonero, instalador de tanques de gas, trabajé en construcción, fui zapatero, vendí arenque en el mercado, trabajé en tiendas de repuestos de motores, en tiendas de computadoras, de máquinas de escribir, fui técnico de estufas, trabajé en talleres de mecánica, vendí zapatos por las calles, estuve en la compra y venta de pescados al por mayor, maestro, empresario, lavaplatos en restaurante. Hoy soy pastor, maestro, escritor, orientador, conferencista, empresario y sigo siendo esclavo de Cristo. En cada momento sea muy bueno, regular, malo o muy malo, me tocó. Ahora me miro al espejo y sigo adelante con la total seguridad y la certeza de que **"Dios existe, porque yo existo".** Por eso, por quién es Jesús, por quién es Dios, por y con la ayuda del Espíritu Santo, sin importar lo gris que se torne la vida y la oscuridad de la noche, camino con la esperanza plena y la total seguridad en fe de que estoy viviendo **"Mi mejor día".**

LA INVITACIÓN

En realidad, no sé qué día estás viviendo, lo que ha pasado en tu vida o lo que estás pasando ahora mismo. No sé de qué tamaño es el bulto o mochila que cargas en tu espalda, o cuán llena está la maleta que arrastras. Tampoco sé cuántas cargas, fracasos, raíces de amargura y tristeza hay en ellos, pero sí sé, porque lo he experimentado una y otra vez, que hay una forma de descansar y de retirar de tu espalda todo peso y de tu vida todo cansancio; pero aun si estás en buen ánimo, alegre, en victoria, en medio de muchas cosas buenas, también te digo, porque lo he experimentado. No hay nada mejor en el mundo, que vivir conforme a la cultura establecida por alguien que una vez hizo una gran invitación diciendo: "Venid a mí todos los que estáis trabajados y cargados y yo os haré descansar", esta es una invitación sincera de alguien que es único y especial. Se trata de una invitación a descargarte y descansar.

Jesús hace una invitación a todos y especialmente a ti; es una invitación muy franca a todos los hombres, mujeres, jóvenes, adultos y ancianos, de toda lengua y nación. Deben tener una condición: "estar trabajados y cansados de vivir la misma vida desordenada y vacía".

Jesús está llamando a todas las personas que están perfectamente conscientes de que sus vidas no son como deberían de ser, aquellos que sienten que hay algo más y que la vida, sus vidas, pueden ser mejores y diferentes. Él llama a todas las personas que quieren cambiar, pero que por más que tratan no pueden, pues sienten que en sus vidas hay fuerzas más poderosas que ellas mismas, que les llegan pensamientos malos, que comenten acciones que llevan a la misma miseria. Cuando Jesús dice: **"Venid a mi todos…", este todos te incluye a ti y a mí.**

Para atender esta invitación, para acceder a este llamado y poder atender esta invitación deberás conocer "quién es Jesús".

¿Quién es Jesús? Es el salvador del mundo, el único que puede darte paz verdadera. Él pagó por tus pecados, Él es Dios Todopoderoso. Él está preparando un lugar especial para ti y para mí donde no habrá llanto, ni dolor, ni muerte, donde Él reinará por siempre y siempre. Este es el tiempo de mirar en tu interior y ver qué es lo que te tiene cansado y trabajado; luego mira el llamado de Jesús, extiende tus manos y recibe la invitación.

Recibir la invitación tiene que ver con un anhelo de ser liberado de una vez y por siempre. Cuando estás afligido por las cargas del pecado, cansado por los problemas de la vida, entonces debes anhelar liberación, una liberación eterna, una liberación que, aunque vengan los problemas, las pruebas y situaciones difíciles, tendrás y te mantendrá en paz. Nadie lo hizo antes que Jesús, nadie lo hizo después de Él, ni nadie jamás podrá hacerte una invitación tan poderosa, veras, única, especial, buena y eterna, como esta que te hace Jesús hoy. Es una invitación que debes anhelar gritando: ¡La quiero! ¡La necesito! Es entonces cuando Jesús que conoce tu anhelo, tus cargas, tu duro trabajar y que también tiene la respuesta a todas y cada una de tus inquietudes, pues te da su paz, una paz diferente a cualquier otra que hayas conocido. "Solamente anhelando una vida diferente, pura y poderosa puedes recibir esta invitación". Jesús puede y quiere darte una vida totalmente nueva; todo lo que produce en ti cansancio, terminará en Cristo Jesús.

Esta es una invitación abierta y permanente. Cuando aceptes esta invitación se producirá un cambio inmediato en ti. Tu vida emprenderá un nuevo caminar, pasarás de muerte a vida y entrarás en un proceso de santificación constante, pero habrá una sombra del viejo hombre y de la vieja mujer. De tu vida anterior y por el hecho de ser humana, puede que falles o caigas en desánimo, por las situaciones adversas de la vida y vuelvas a sentir cansancio. En todo caso, puede que sientas la soledad; es entonces cuando debes tomar esta invitación y descansar en Jesús. La invitación que Jesús hace es para todos y en todo tiempo, y estará disponible siempre. Cuando sientas cansancio, carga, trabajo, te sientas en pecado, en prueba, en dolor, en tristeza, en amargura o pasando por algún malestar o en situaciones difíciles, Jesús estará allí para hacerte la misma invitación: "Venid a mí, trae tu carga y yo te haré descansar".

Para aceptar este llamado tienes que reconocer que tú has hecho, dicho y pensado cosas que a Dios no le agradan. A eso la Biblia le llama pecado y el pecado no entrará al Reino de Dios. Por eso Jesús vino y pagó por tus pecados, por todo tu hacer, decir y pensar en contra de Dios. Ahora, por lo que Jesús hizo, tú tienes el perdón; tienes que hacer una oración (orar es simplemente hablar con Dios). Has esta oración: Señor Jesús, hoy reconozco que soy un pecador, acepto la invitación que me haces, te pido perdón por todos mis pecados, te recibo y te acepto como Señor y Salvador de mi vida. Toma el control de lo que soy ahora, entra en mi corazón y hazme una nueva criatura, escribe mi nombre en el libro de la vida, en el nombre de Cristo Jesús, amén.

Si hiciste esta oración, Jesús está en tu corazón, eres una nueva criatura, eres parte de la familia de Dios; has nacido de nuevo y necesitas:

Orar: es hablar con Dios cada día, conversar con Él de todo y pedirle en el nombre de Jesús.

Leer la Biblia: es conocer más de Jesús, de sus planes para ti, del futuro glorioso que te espera en Él.

Visitar una Iglesia: esto te ayudará en tu nueva vida y en tu crecimiento para con Dios y los demás.

Debes buscar una iglesia donde se predique con la Biblia, se hable de Jesucristo como Señor y Salvador y donde te puedas relacionar con los demás y con el Espíritu Santo, pues a este dejó Jesús para que sea tu ayudador.

Luego prepárate para servir, para amar, para experimentar la paz de Jesús en tu corazón, una paz que sobrepasa todo entendimiento. Prepárate para vivir conforme a la cultura del cielo, donde todos somos iguales y el que quiera ser mayor debe constituirse en esclavo de los demás, donde pedimos cosas buenas para personas que creemos malas, donde pedimos bienestar para los que nos dañan, donde oramos por los gobernantes sin importar que sean de nuestro agrado.

Prepárate para estar en un lugar perfecto con personas imperfectas (La Iglesia Local). En este caminar no te fijes en los demás, pues al igual que tú, cometerán errores. "Mira a Jesús, estudia su vida y enseñanzas y perfecciónate por medio del conocimiento de quién fue Jesús; si quieres imitar a alguien, imita a Jesús. Cuando lo hagas tienes que prepararte para vivir **"Tu mejor día"**.

¿Y SI EXISTE?

En muchas ocasiones, aun después de haber recibido a Cristo como Señor y salvador, he pensado en "qué pasaría si al final de mis días, en el dormir de la muerte sucede que realmente Dios no existe, que somos productos de muchas coincidencias, evoluciones, explosiones y demás. Al pensar esto me pregunto: ¿De qué me pierdo? ¿De qué me he perdido por vivir la vida que he vivido? La respuesta siempre es la misma: "No me pierdo ni me perderé de nada".

Al evaluar el mundo, sus afanes y placeres, realmente y no miento, no encuentro nada que tenga tanta esperanza en esta vida que Cristo. No existe nada mejor en este mundo que el tener en mi mente, mi corazón, mi alma y mi espíritu una convicción tan grande y esperanzadora como la ofrecida en la Biblia. Realmente no se trata de perder, sino de ganar y vivir creyendo siempre, que lo mejor está por venir.

Así que, si al final Dios no existe, gano. Aunque soy un ser humano con virtudes y defectos, viví mi vida caminando hacia lo desconocido, creyendo que existe un lugar donde no hay llanto, ni dolor, ni tristeza, ni amargura, ni guerras, ni muerte. Un lugar donde un ser muy especial llamado Dios estará ahí para ofrecer todo lo que nos falte y convertirnos en seres extremadamente especiales y maravillosos. El saber que viví una vida esperanzada en un futuro glorioso, realmente me llena de gozo.

Ahora bien, tú puedes vivir la vida que te plazca, sentir y después ser, querer cambiar lo existente por lo que creas mejor, vivir la vida loca. Quizás te sientas ser mujer, siendo hombre, o te sientas hombre siendo mujer, tal vez no te importe quién realmente eres, podrías ser simplemente un rebelde sin causa o con causa.

Decir que la religión es el opio de los pueblos, que Dios es simplemente una fantasía para los débiles, podrías vivir toda tu vida sin creer y quizá, ser feliz en esta tierra disfrutando de cada placer, haciendo lo que te venga en gana, sin ninguna esperanza, con penas pasadas y presentes, pero sin gloria futura. Al final puede que seas recordado como un valiente que saliste del closet un día y le dijiste al mundo entero que tú eres lo que sientes y no lo que realmente eres. Serás recordado como aquél motivador que enloqueció a muchas personas haciendo creer lo mismo que tú; quizá eres parte de un sistema dominante que después de tener fortuna y fama solamente se dedica a implantar sus acciones en pos del deterioro humano promoviendo todo aquello que va en decadencia y destrucción de la relación y crecimiento humano, de esos que no les importa qué pasará en el futuro con sus hijos, nietos y generaciones futuras, pues piensan que por su fama y fortuna dejarán un legado que evitará que la destrucción les alcance. Quizás eres de aquéllos que están seguros de que todo termina con la muerte y que la vida hay que gozarla y vivirla a tu manera. Si tu pensar está relacionado con lo antes dicho o con cualquier otro pensar fuera del Dios de amor y fuego consumidor y te llegara la realidad del dormir de la muerte: ¿Qué pasaría si un día despertaras del sueño de la muerte y te dieras cuenta que realmente Dios existe? Tú estarías simplemente eternamente perdido, mientras yo habría ganado.

Así que "si Dios no existe, no pierdo nada" y "si Dios existe lo gano todo por la eternidad".

Y de nuevo te pregunto: ¿Y si existe? ¿Qué harás?…

Una declaración final: hoy es simplemente "Mi mejor día".

Dr. Julio Pineda
© 2019 - Derechos Reservados
Email: drpinedajulio@gmail.com
ISBN 978-0-578-58301-3
Impreso en los EEUU.

Made in United States
Troutdale, OR
09/30/2024